EM

BUSCA

DO

TEMPO

PRESENTE

Kankyo Tannier

EM
BUSCA
DO
TEMPO
PRESENTE

SEXTANTE

Título original da edição em francês: *À la Recherche du Temps Présent*

Copyright © 2018 por Éditions First, um selo de Édi8, Paris, França
Copyright da tradução © 2020 por GMT Editores Ltda.

Todos os direitos reservados. Nenhuma parte deste livro pode ser utilizada ou reproduzida sob quaisquer meios existentes sem autorização por escrito dos editores.

tradução: Dorothée de Bruchard
preparo de originais: Suelen Lopes
revisão: Ana Grillo, Flávia Midori e Hermínia Totti
diagramação: Valéria Teixeira
capa: Miriam Lerner | Equatorium Design
impressão e acabamento: Cromosete Gráfica e Editora Ltda.

CIP-BRASIL. CATALOGAÇÃO NA PUBLICAÇÃO
SINDICATO NACIONAL DOS EDITORES DE LIVROS, RJ

T172e Tannier, Kankyo
 Em busca do tempo presente/ Kankyo Tannier; tradução de Dorothée de Bruchard. Rio de Janeiro: Sextante, 2020.
 160 p.; 14 x 21 cm.

 Tradução de: À la recherche du temps présent
 ISBN 978-65-5564-032-8

 1. Espiritualidade. 2. Meditação. I. Bruchard, Dorothée de. II. Título.

20-65362
CDD: 158.1
CDU: 159.95

Todos os direitos reservados, no Brasil, por
GMT Editores Ltda.
Rua Voluntários da Pátria, 45 – Gr. 1.404 – Botafogo
22270-000 – Rio de Janeiro – RJ
Tel.: (21) 2538-4100 – Fax: (21) 2286-9244
E-mail: atendimento@sextante.com.br
www.sextante.com.br

"O zen muitas vezes é chamado de espiritualidade do cotidiano. Cada uma de nossas ações é única e, portanto, merece o máximo cuidado."

Mestre zen Olivier Reigen Wang-Genh, em ensinamento proferido no mosteiro budista de Ryumonji (Alsácia, França)

Sumário

INTRODUÇÃO   11
    O porquê deste livro   11
    Espiritualidade: uma tentativa de definição   15
    Este livro não é...   18
    Os benefícios de uma vida espiritual   22
    Quem são os viajantes?   23
    E que comece a viagem...   25

CAPÍTULO 1: Crônica de um aeroporto, ou a arte de mudar o olhar   29
    Aeroporto de Frankfurt – quarta-feira, fim do dia   29
    Ritual: passear na cidade como um turista/entrar numa igreja   32

CAPÍTULO 2: Aprender a canalizar a mente: o maravilhoso poder da concentração   37
    A concentração ajuda a se recentrar   41
    A concentração libera o espírito   42
    Alguns rituais   42

CAPÍTULO 3: **O primeiro pensamento da manhã**   47

   Ritual do dia que se inicia   51

CAPÍTULO 4: **Viagem ao centro do eu, do não eu e do infinito**   55

   Primeira proposição: "Estudar o Caminho de Buda é estudar a si mesmo"   57

   Segunda proposição do nosso patriarca terrível: "Estudar a si mesmo é esquecer-se de si mesmo"   58

   Terceira proposição: "Esquecer-se de si mesmo é estar em unidade com todas as existências"   60

   Ritual: zazen, a meditação zen, todos os dias!   62

CAPÍTULO 5: **O ensinamento de uma folha de hortaliça, ou como "recobrar as ideias"**   65

   Alguns rituais para "recobrar as ideias"   68

CAPÍTULO 6: **"Brana depois da chuva": a espiritualidade no limiar da morte, e depois...**   73

   Uma história no coração do inverno   73

   Em equilíbrio à beira do vazio: um acompanhamento espiritual da partida   76

   Epílogo   79

CAPÍTULO 7: **Uma ode à fragilidade**   81

   Encontro ao raiar do dia   81

   Símbolos e mensagens   83

   Iluminação espiritual   85

   Ritual de reconciliação   85

CAPÍTULO 8: Instilar o sagrado no cotidiano, ou a aposta de Pascal revisitada — 89

Resgatar o sentido e a essência sagrada da existência — 92

Ritual: um altar dentro de casa — 93

CAPÍTULO 9: Eu, eu mesma e meu celular: como reencontrar a liberdade? — 97

Os rituais digitais — 100

CAPÍTULO 10: A magia do sopro — 105

Ritual: *kinhin*, a meditação andando — 108

CAPÍTULO 11: Do ideal à realidade: sair do sonho e começar a viver — 113

Ritual de desidealização — 118

CAPÍTULO 12: A escuta benevolente — 121

Para escutar bem, é preciso abrir os ouvidos — 122

Escutar bem é resgatar nossa alma de criança — 124

Escutar bem é não saber — 124

Escutar bem é ficar vulnerável — 125

Ritual: a escuta silenciosa — 127

CAPÍTULO 13: Ritual para o cair da tarde — 129

Lusco-fusco — 129

Para terminar o dia — 132

CAPÍTULO 14: Que tal um sorriso? — 137

Ritual: o Buda sorridente — 142

CAPÍTULO 15: **Reencarne... agora!** 145
   Direto de uma sessão de meditação em Estrasburgo 147
   Os obstáculos, quer dizer, o principal... 148
   Rituais de reencarnação 150

Conclusão 153

Referências 155

Agradecimentos 157

INTRODUÇÃO

O porquê deste livro

Uma experiência fundadora

Cerca de 10 anos atrás, eu trabalhava como professora de técnica vocal e estava começando a dar aulas de meditação zen em Estrasburgo. Para evitar muitos deslocamentos, havia alugado um pequeno apartamento no bairro estudantil. Passava dois terços do meu tempo no mosteiro zen e o resto em pleno centro da cidade. Um equilíbrio delicado entre duas vidas, uma experiência singular que me permitia conhecer diferentes universos, diferentes ambientes, assim como testar minha capacidade de adaptação entre um mundo e outro.

No cerne desse contraste, no entanto, começou a surgir um mal-estar. De um lado, havia o mosteiro, com suas meditações diárias, longos períodos de silêncio e uma vida dedicada – segundo a expressão em voga – à "busca do absoluto". De outro, uma espécie de religião do consumo, da corrida desenfreada, das metas cada vez mais inalcançáveis e do inevitável estresse. E que abismo imenso havia entre essas duas visões de mundo! Pela manhã, eu cantava sutras na capela; duas horas depois estava num daqueles barcos-restaurante degustando um café enquanto lia o jornal com as notícias do dia. Tudo isso em meio a um burburinho de pensamentos que espelhava meu mal-estar emocional.

Refletindo um pouco mais a fundo, o que me incomodava não eram tanto os processos sociais ou a vida urbana moderna – tenho até certo fascínio pelo progresso –, mas a vaga sensação de que a fonte do meu problema estava justamente na formulação dessa dicotomia.

Em suma, eu me sentia completamente perdida!

Como lidar, então, com a aparente incoerência entre essas duas realidades? Essa pergunta me rodeava de manhã até a noite, feito um mantra. Num primeiro momento, resolvi essa contradição à maneira de um avestruz, enfiando a cabeça na areia. Com um sorriso no rosto, fazia de conta que estava tudo bem.

Até o dia em que...

Até o dia em que a resposta surgiu, clara como um saber que germina desde a aurora dos tempos: para conciliar minhas duas vidas, seria preciso destilar bolhas de espiritualidade no cotidiano. Em toda parte. Na cidade e no campo. A cada minuto, onde quer que eu estivesse, deveria pousar outro olhar no mundo. Cheio de fervor e – ousemos dizer – contemplação.

Ou ainda, como dizem os mestres zen em sua famosa máxima, implementar esta doutrina: *"Ejo Shin Kore Dô"* ("O coração de cada dia é o Caminho do Buda".)

Ufa, que alívio! Eu não estava sendo convocada a lutar contra o mundo e seu progresso nem a comparar, julgar ou condenar, mas a encontrar motivos para celebrá-lo. Uma conclusão que, além de bastante harmoniosa, me convinha perfeitamente.

Ser em vez de ter

Muitas pessoas vivem essa experiência, consciente ou inconscientemente, quando confrontadas com as incoerências de nossa sociedade contemporânea. Nem tudo nela é negativo, longe disso! Hoje vemos uma melhoria global das condições de vida mundo afora, um maior acesso à água potável, à escolarização, etc. Contudo, é fácil constatar que são flagrantes as desigualdades entre as pessoas – basta um passeio pelo centro de qualquer grande cidade para comprovar esse cenário –, que os recursos naturais estão em risco e que a corrida pelo crescimento muitas vezes se sobrepõe à preservação da natureza ou ao bem-estar dos indivíduos.

De um lado, vê-se uma sociedade que elegeu o poder aquisitivo como parâmetro de vida bem-sucedida e, de outro, seres humanos – não todos, felizmente – tentando dia após dia atingir esse ideal materialista, com a sensação de ter sempre um buraco no bolso. Sem falar na inevitável frustração que isso causa.

O propósito deste livro é, portanto, questionar este paradigma simplista com que a sociedade vem enchendo nossos ouvidos há milênios: para ser feliz, é preciso conseguir aquilo que se deseja, e rápido, em troca de dinheiro líquido e certo (vamos combinar que, em tempos de bitcoin, a expressão "dinheiro líquido e certo" soa deliciosamente antiquada, não é?).

Ter, obter, ganhar – será esse o segredo da felicidade? E se ela se esconder num lugar além disso? De uns anos para cá, essa ideia parece estar se espalhando com rapidez. Aprender a ser em vez de obter. Conectar-se com a Natureza em vez de utilizá-la. *Estar na* vida em vez de usá-la como palco.

Esse é o motivo, por exemplo, do incrível aumento da procura por locais de retiro espiritual nos últimos tempos. O que leva as pessoas a se isolarem do mundo por dois dias, uma semana ou até mais?

Há o desejo de se livrar do estresse, claro, mas, analisando a questão mais a fundo, o que está à espreita, na verdade, é a sensação de perda de sentido. O tempo parece ter disparado numa corrida sem fim. Então, para ter uma oportunidade de desacelerar, de repor um pouco de ordem no centro do caos ou, pelo menos, conseguir se equilibrar dentro dele, as pessoas decidem viver a experiência de um retiro. Ali aprendem a meditar e descobrem uma série de práticas, como refeições em silêncio, cerimônias tradicionais e diversos rituais.

No entanto, o mais interessante é que, nesses locais preservados, elas têm a oportunidade de se deixar impregnar por uma filosofia de vida fundada em valores de ajuda mútua e atenção ao outro. São inseridas numa espécie de "vida comunitária" que procura dar forma a esta incrível utopia do século XXI: a harmonia entre grupo e indivíduo que coexiste com a tentativa de se conectar a uma dimensão mais ampla. Um verdadeiro sonho!

Mas viver a longo prazo num mosteiro sem dúvida não é para qualquer um, mesmo porque – como boa propagandista do zen que sou – só estou ressaltando aqui os aspectos positivos! O que fazer, então, para levar essas bolhas de paz consigo ao fim do retiro? O que fazer quando chega a hora de voltar para casa? E, melhor, o que fazer quando nem mesmo é possível ter três dias livres para fazer um retiro?

Foi pensando em todas essas pessoas e estilos de vida que escrevi os capítulos a seguir, nos quais você irá encontrar a água necessária para alimentar seu moinho (de orações, espero!).

Espiritualidade: uma tentativa de definição

> Reintroduzir um pouco de magia
> no cotidiano

A noção de espiritualidade parece ser uma grande sacola em que cabe tudo, uma espécie de caldeirão onde todos os ingredientes se adaptam a qualquer tipo de molho, o que resulta num delicioso banquete e numa impressionante confusão. Do que, então, estamos falando? A definição que proponho, em pleno século XXI, em que o clima geral é de exaltação à ciência, ao mensurável e ao racional, pode ser um pouco surpreendente.

Para apoiar o que digo (e contar com um ombro amigo), convoquei poetas, artistas e outros saltimbancos, mas também pessoas que fizeram da espontaneidade e do espanto sua marca registrada. Tal como o Sr. Jourdain, protagonista de *O burguês ridículo*, de Molière, essas almas simples não raro encarnam a espiritualidade sem saber, ocupadas que estão em brincar com a vida.

Dessa festiva reunião emergiu a seguinte definição: viver a espiritualidade é aprender a detectar as gotas de magia que se escondem no cotidiano.

Alguns – os teístas – chamam essa magia de Deus, Alá, Jeová ou Vishnu. Outros celebram o Infinito, o Atman, o Amor ou o Mistério. No reino da espiritualidade, deparamos com expressões como "não separação", "tudo está em tudo" ou "a Alma do mundo". Nesses caminhos dançam xamãs, magos e feiticeiros vodus. Sem falar na legião de mestres espirituais, místicos, iogues, *sadhus* ou guerreiros da luz. Um monte de gente! Falando de maneira bastante simplista, o ponto em comum desse grupo heterogêneo parece ser o seguinte: para detectar a magia do cotidiano, convém, ao longo da vida, aprender a observar o mundo com delicadeza e determinação.

A magia é uma criança brincando sem ter consciência dos olhares dos outros. Absorta em seu próprio universo, para além do bem e do mal, alheia ao antes e ao depois, ela manifesta uma liberdade inocente. Mas a magia também é o olhar da mãe ou do pai que, de súbito, percebe a espiritualidade daquele momento. Arrancados por alguns instantes do curso ordinário do mundo, pousam os olhos em uma criança, sua criança, que vive em eterna primavera.

A magia é essa viagem ao outro lado do mundo, para um país cuja língua desconhecemos. E é descobrir que, ainda assim, a compreendemos com o coração.

A magia é sair de um túnel escuro e encontrar-se diante de um rio, a tempo de ver o sol brincar nas águas cintilantes.

A espiritualidade é um sorriso fugaz num semblante fechado, um brilho repentino nos olhos de um enfermo.

A espiritualidade é perceber que a passagem das estações segue uma organização milimétrica e minuciosa. Que sua orquestração, com ou sem causa primordial, é uma sinfonia de tirar o fôlego.

A espiritualidade é estar confinado na raiva ou no ressentimento e, de repente, cair na gargalhada.

A espiritualidade é olhar para o céu numa noite clara de

verão e avistar uma estrela cadente ao longe, muito longe, tão longe... até ficar tonto.

E para você? Onde começa a espiritualidade? De que maneira ela lhe dá asas para tornar seu cotidiano mais leve?

Você já deve ter criado, espontaneamente, alguns rituais a partir da magia do mundo. Nas páginas deste livro você vai encontrar outros, para experimentar da maneira que achar melhor.

As três chaves: concentração, presença e mistério

Falando de maneira mais pragmática, uma vida espiritual engloba, a meu ver, três elementos. Refiro-me às fadas da Concentração, da Presença e do Mistério. A cada novo sopro de vida, essas fadas se reúnem junto ao berço do recém-nascido a fim de derramar sobre ele sua generosidade. As três sabedorias estão prontas para germinar em cada um de nós, e cabe a nós fazer frutificar esse tesouro.

A Concentração é a capacidade, muitíssimo útil, de focar nossa atenção por completo no que estamos vivendo. É minuciosamente descrita em diversos livros, sejam budistas ou não. É como uma espécie de pré-requisito para uma caminhada. É a mochila que arrumamos antes da escalada, é o momento em que impermeabilizamos os sapatos para andar na chuva. Alguns textos deste livro serão dedicados a esse estado de ancoramento no aqui e no agora, sem o qual a espiritualidade pode rapidamente se perder na crença ou na imaginação.

A Presença, também chamada de Observação (*kan*, em japonês; sim, como meu nome, *kan-kyo*) ou *vipassana* (em páli), é a abertura, o espaço, a faculdade de enxergar para além do prisma da personalidade. É aquele momento em que já não estamos aprisionados na nossa cabeça ou no nosso sistema habitual de reflexão.

Para começar a perceber a existência de outra forma de se relacionar com o mundo, eis uma pequena experiência: no lugar onde você está agora, feche os olhos por um instante (depois de ler as linhas que seguem). Onde estão os seus pensamentos? Na sua cabeça? Lá fora? De onde eles vêm? No que você pensará daqui a cinco minutos? E responda a esta pergunta, das mais filosóficas: *quem* está pensando?

Terceira chave para uma vida espiritual: o acesso ao Mistério. Se a experiência acima não lhe soou suficientemente estranha ou metafísica, vamos além! Várias tradições convergem para o tema do desconhecido. O que é a vida? Por que estamos neste mundo? O que acontece depois da morte se é que existe algo depois dela...? Milhares de perguntas permeiam a vida espiritual, tremulando sobre nós como bandeirinhas coloridas. Títulos de obras místicas, como *A nuvem do não saber*, *A dança da alma* e *Chama viva do amor*, alimentam nossa sede do desconhecido, não é mesmo?

Este livro não é...

... um livro de desenvolvimento pessoal no sentido comum

Então sejamos claros: longe de mim criticar a busca espiritual. A meu ver, ela é primordial, e até necessária. Quando as pessoas ficam serenas e encontram seus referenciais, quando assumem suas emoções, quando suas palavras refletem sabedoria e doçura, o mundo fica melhor. Assim, incentivo fortemente a exploração da psique.

Por outro lado, quando as pessoas ficam o tempo todo focadas em seu interior, muitas vezes ocorre um estreitamento do campo de visão. Uma espécie de contração do ser sobre si mesmo, como um caracol com as antenas sempre voltadas para dentro, correndo o risco de se chocar contra o mundo.

Por vezes, constata-se ainda certa tendência à hiperpsicologização. Para algumas pessoas, qualquer acontecimento da vida se torna objeto de análise, de dissertação, de racionalização. Tudo é pretexto para tecer relações entre as coisas, para procurar causas. Algumas descobertas são acertadas, sem dúvida. Mas a que preço? Enquanto pensávamos, a vida passava despercebida diante de nós.

Conforme escrevo, me vem uma lembrança. Estou com 7 anos, acampando com meus pais. Certa noite, deitada no escuro na minha barraca, sinto de repente um terrível medo da morte. E se eu morresse naquela noite, durante o sono? E se não acordasse mais? O pavor me invade profundamente, impregna meu corpo inteiro. É quase insuportável. Então me ocorre, como única escapatória: "Pense, pense bem, você vai encontrar uma solução." E o cérebro se põe a trabalhar. Toda a energia se concentra então nesta tarefa: analisar, pensar, refletir, com o cenho franzido e o corpo tenso. Não me lembro do resultado de minhas circunvoluções mentais. Acabei caindo no sono por conta do cansaço. Mas esse acontecimento foi determinante. Naquele dia, pela primeira vez, tentei encontrar uma solução analítica para um problema emocional. O dia em que o intelecto começou a se animar. Sete anos: a idade da razão, com sua procissão de preocupações e enxaquecas intensas.

E depois? Depois transcorreram décadas até eu começar a inverter o processo!

A espiritualidade propõe um caminho levemente distinto: o de uma vida vivida em vez de analisada.

É claro que a busca e a reflexão – assim como as emoções, que enriquecem a experiência cotidiana – têm seu lugar. Mas é preciso aprender a vivê-las por inteiro, sem tentar fugir através da análise ou da intelectualização. Dessa forma, o ser humano pode passar do fechamento (foco exclusivo em si mesmo, proteção) para a abertura (surgimento de uma sensação de aceitação e unidade).

Um novo método para aprimorar a si mesmo

As práticas de desenvolvimento pessoal também nos convidam, de modo geral, a buscar uma melhor versão de nós mesmos. Aqui, no entanto, o ponto de partida é um pouco distinto. Nossa premissa é a seguinte: você é maravilhoso do jeito que é! Você é esplêndido, único, mágico e talentoso. Você é um poema luminoso, uma pedra preciosa, um sino tibetano. Como formulava Shakyamuni, há 2.600 anos: "Todos os seres possuem a Natureza de Buda." Ou seja, todos são Budas. Não é ótimo?

"Só que alguns são mais e outros menos, claro", cochicha minha vizinha um tantinho maliciosa. Não, nada disso! Sem querer entrar num otimismo beatífico, a natureza grandiosa e vibrante de cada indivíduo pode se revelar a todo momento, desde que a brisa da contemplação erga os véus da racionalidade, dos pensamentos e das opiniões.

O que aparece, então? Dê uma olhada... Você não vai se decepcionar!

Uma coletânea de crenças ou especulações

"O que acontece depois da morte?" A essa pergunta-chave Buda respondia com um mutismo absoluto, o que ficou conhecido como "silêncio de Buda". Ele convidava os praticantes a atentarem para a vida atual em toda a sua efervescência, sem se preocupar com o depois. "Aqui e agora", ou a arte de ser coerente com sua doutrina até os mínimos detalhes!

Da mesma forma, tentaremos evitar neste livro um acúmulo de crenças ou conteúdos imaginários, mesmo que alguns pensamentos sejam bem atraentes. Vez ou outra vou expor algumas intuições, mas tomando o cuidado de deixar isso bem claro. Ainda assim, fique atento (conto com leitores responsáveis!), pois desde criança tenho uma alma decididamente mística e certa tendência à elucubração poético-metafísica. Então desconfie se eu começar a falar em duendes, fadas ou aparições!

De modo geral, as linhas a seguir são mais um convite à observação e à experimentação do que uma profissão de fé. Não confie cegamente em tudo que digo, faça esse teste. E torne-se, assim, "sua própria lanterna" no caminho da espiritualidade.

Os benefícios de uma vida espiritual

Antes de prosseguir, para que serve a espiritualidade?

Para devolver sentido à vida

Como já falamos, se o sentido da vida se limitar ao hedonismo, há um grande risco de acabarmos presos ao trabalho – só para pôr a comida na mesa –, tendo por único objetivo as próximas férias. Ou de passar a vida pulando de um hobby a outro, de uma série da Netflix para a seguinte, sem nunca buscar aquilo que, lá no fundo, realmente nos faz vibrar.

Já a espiritualidade, ao contrário, anda de mãos dadas com essa chama pequenina que levamos no coração e com a intensidade da vida. Ela expressa um jeito de estarmos no mundo cheios de uma confiança sorridente.

A espiritualidade pode surgir logo após aquele momento trágico em que constatamos que nossa vida já não nos agrada. No momento em que, onde quer que nosso olhar pouse, não há mais nada que o faça brilhar. Quando estamos infelizes, desiludidos, sem esperança... Para os mestres zen, este é o exato momento em que começam as coisas sérias. Vá até o cerne da carência, enfrente o real com a confiança de um cavaleiro sem armadura. E comece a instituir todos esses rituais que podem aproximá-lo de si mesmo.

Para se lançar numa longa viagem

A questão do sentido da vida costuma surgir quando estamos perdidos. Há manuais para tudo hoje em dia, para aprender chinês em cinco semanas, pintar a sala, dobrar lençóis com elástico, etc., mas o manual para encontrar o sentido da vida infelizmente não existe.

Isso porque, paradoxalmente, trata-se mais de buscar do que de encontrar.

Com certeza os leitores mais racionais e perfeccionistas até estremeceram ao ler essa frase.

Mas é isso mesmo: enveredar pela vida espiritual é começar uma viagem, e sem GPS. Em vez da bússola moderna, você vai encontrar um antiquíssimo mapa do tesouro. Uma espécie de pergaminho, sobre o qual muitos outros viajantes já se debruçaram ao longo dos milênios. A viagem que você está prestes a empreender é uma história antiga... e isso é ótimo! Essa jornada tem sua fonte ao pé das montanhas do Atlas, na matriz da humanidade, em todos aqueles lugares do planeta onde pessoas se puseram a orar, invocar, queimar mirra e incenso.

Então, nos momentos em que sua vida parecer meio vazia ou sem sentido, diga: "Querida, arrume as malas! É hora de viajar!"

Quem são os viajantes?

A quem se dirige este livro?

Aos viajantes do absoluto.

Aos aventureiros do cotidiano.

Aos poetas escondidos.

Às pessoas que nunca encontram a outra meia do par.

Àqueles que se sentem bem pequenininhos quando olham para o céu.

Às crianças crescidas dispostas a voltar a brincar.

Àqueles capazes de soltar as amarras do pensamento.

À minha vizinha que rega as plantas.

Àquele senhor que passeia com seu cachorro.

À Clotilde, que assiste a documentários sobre os segredos das pirâmides.

Àqueles que, na aula de ioga, aguardam a hora da meditação.

Às pessoas aqui e acolá, juntas, sob as mesmas estrelas.

A você, que pegou este livro por acaso, como um encontro.

Quem deve deixar este livro
de lado imediatamente ;-)

Cuidado! Se você não se identificou com ninguém da lista anterior, fique atento! Pode ser que este livro não seja mesmo para você. Talvez tenha sido um presente de um amigo, da sua esposa ou do seu marido, ou quem sabe de outra pessoa. É possível que esse alguém tivesse a intenção, mesmo que secreta, de inserir um pouco de espiritualidade na sua vida. Ou seja, de incentivá-lo a mudar. Não caia nessa! Você acha melhor ler bula de remédio do que as elucubrações de uma monja budista? Tudo bem, você tem esse direito! Largue este livro e proclame alto e bom som – ou não – seu amor pelo materialismo.

Quando ficar bem rico, você poderá fazer uma doação para a fundação em prol dos animais que vou criar em breve.

E que comece a viagem...

Partir para a aventura: a espiritualidade no cotidiano

"Partir para a aventura": está aí uma expressão que sempre me fez sonhar. Com o passar dos anos, surge um sentido profundo, bem distante da ideia de fuga ou inconsciência. À medida que a areia escorre na ampulheta e o cabelo vai ficando grisalho, partir para a aventura já não significa um convite para se atirar em algo sem pensar ou largar tudo e, num rompante, seguir para o outro lado do mundo.

Partir para a aventura é retornar às fontes.

É explorar o tempo presente.

Partir para a aventura é abrir escancaradamente as portas de cada dia, com total confiança na vida.

É deixar a bandeira do invisível se desdobrar sobre cada acontecimento do cotidiano e surpreender-se com isso.

Partir para a aventura, sem bagagem, sem ideal, sem ideias preconcebidas, é se ver boquiaberto diante de um gato adormecido e dar-se o tempo de vê-lo respirar.

Numa vida espiritual, a aventura se vive aqui, no imediato, na incandescência do presente. E, diante da jornada, o viajante pega a estrada em sentido inverso. Com o coração a tiracolo, parte em descoberta dos mundos submersos da consciência, em busca do "eu" que incessantemente lhe escapa.

Pronto. É isso! A espiritualidade é aventurar-se! E aventurar-se no coração do cotidiano.

No entanto, pensando de maneira mais objetiva, além de

observar os gatos dormindo, o que se pode fazer para ter uma vida espiritual?

É isso que você vai descobrir ao longo destas páginas, em crônicas por vezes sérias, por vezes bem-humoradas, extraídas da vida real. Em cada uma delas há uma experiência concreta, seguida de uma proposta de exercício.

E como a espiritualidade está à espreita em cada uma destas páginas, os "exercícios" vão se tornar "rituais". Percebe a diferença?

Instituir rituais

Ritual. A imagem que me vem à mente quando ouço essa palavra é a de uma maga celebrando o solstício de verão na mítica Floresta de Brocéliande, cenário mágico das lendas arturianas.

Ela acende uma fogueira de sete essências: sete espécies de árvores ou arbustos que simbolizam as diferentes energias. Não houve sacrifício: os ramos foram reunidos no chão, à tarde, durante um passeio cheio de fervor e concentração. A preparação foi demorada e minuciosa. Os elementos do ritual foram se estabelecendo ao longo daquelas semanas; como se toda a energia tivesse se voltado para este dia, atraída para um vórtice. A maga se move pela cena, suas vestes esvoaçantes ao sabor do vento. Está concentrada e age com harmoniosa desenvoltura, em total consonância com o que a rodeia.

Mais tarde, nesta noite, o fogo liberará seu poder. Contudo, não é possível fazer mais do que isso, a experiência é secreta... e os ensinamentos, reservados apenas aos presentes.

Seguindo a linha da maga, três elementos podem aparecer:

- Os rituais recriam nosso vínculo com a Natureza e as estações do ano. Este, me parece, é um dos pontos-chave que vão presidir a evolução do ser humano nos próximos anos. Reatar os laços com a Mãe Natureza. O movimento já começou, e este livro, assim espero, vai contribuir para fortalecê-lo, em prol de uma vida mais simples, mais saudável e mais conectada.
- Rituais requerem envolvimento, esforço, preparação. Por isso sugiro que sejam instituídos aos poucos, sem forçar. Comece por aqueles que mais o atraem e lhe dão prazer. Aprender com prazer, e brincando, é o método mais eficaz!
- A maioria dos rituais deve ser mantida a longo prazo, a fim de liberar todos os seus poderes e benefícios. Nesse sentido, mais valem pequenos esforços contínuos do que grandes impulsos que perdem o fôlego pouco antes da reta de chegada.

Você, o alquimista

Os rituais que você encontrará aqui são, em sua maioria, tirados do budismo zen. Em alguns casos, essa filiação é clara (ritual de meditação zen, zazen), já em outros é mais remota. Embora essas práticas tenham origem numa espiritualidade ancestral, não requerem nenhum pertencimento religioso. O mestre Taisen Deshimaru se referia ao zen como a "religião antes das religiões". Queria expressar, com isso, uma espécie de universalidade ou transversalidade, um espaço de encontro, para além dos rótulos.

Foi a partir dessa ideia que escrevi este livro. Espero que, com esta leitura, você possa se tornar o alquimista.

CAPÍTULO 1

Crônica de um aeroporto, ou a arte de mudar o olhar

Aeroporto de Frankfurt – quarta-feira, fim do dia

Estou de partida... vou embarcar em uma viagem interna. Sentada num café "estilo bávaro" do terminal 2 do aeroporto de Frankfurt, espero alguém. Não vou dizer quem, já que esta informação não tem importância para a história e, principalmente, porque prefiro dar livre curso à sua imaginação, que sem dúvida há de ser bem mais criativa do que a realidade – mas também não precisa exagerar! Não se trata, portanto, de embarcar para um destino distante neste dia de inverno. Se bem que o simples fato de estar nesse ambiente irrequieto é uma viagem por si só.

É gente correndo, se abraçando, gritando. Não os alemães, é claro – fiéis à sua reputação, eles são pura cortesia e discrição –, mas os outros, que estão se esbaldando. "Os outros" são uma mistura de diferentes nacionalidades, culturas e idiomas capaz de tornar a torre de Babel um simples encontro para praticar línguas estrangeiras. Em meio à agitação, cria-se uma alegre e insólita cacofonia, efervescente feito bolhas de champanhe (ou cerveja Pilsen, para combinar com a cena).

Como muitos de meus contemporâneos, adoro me sentar num café ou num bar e observar os passantes. Aqui, na época das férias, há muita gente e, portanto, muitos objetos de estudo. Observo, então, os jeitos de andar, as expressões, o estilo das roupas e até as emoções que transparecem na fisionomia dessas pessoas. É incrível como o rosto pode refletir o humor geral do indivíduo. Seu passado está inscrito nele, é como um livro aberto. As rugas representam os sulcos marcados pelo arado da existência. Esse homem, de cenho desesperadamente franzido, carrega nos ombros o peso do mundo. "A vida é dura", indicam seus lábios contraídos. "E isso é só o começo", respondem os olhos caídos. O olhar assustado dessa mulher percorre o ambiente freneticamente. O que essas pessoas viveram? Traumas sérios ou um simples acúmulo de provações menores que, com o tempo, foram criando uma fortaleza interior? Nunca vou saber. Deixo de lado esse pensamento para observar uma deusa indiana, colorida e hierática, cruzando o mundo a passos lentos, a cabeça balançando no ritmo de seu andar.

É fascinante contemplar as pessoas que passam! Universos se desenham, tão diferentes uns dos outros, como muitos mundinhos distintos. Tento adivinhar de onde elas vêm, para onde vão, quais são seus sonhos e o sentido de sua vida.

Um aeroporto ou uma rodoviária são os locais ideais para mudar de perspectiva. Tantas vidas se cruzam e circulam por aqui. Vidas prestes a partir ou a voltar. O ambiente ecoa os passos dos viajantes, o campo das possibilidades tem ali um lugar cativo. Nesses locais existe a possibilidade implícita de ser outra pessoa, de ter outra vida, de partir para o outro lado do mundo, para a aventura... ou não.

Enquanto viajava nessas considerações (e em outras de que vou poupá-lo), refleti sobre essa capacidade que todos temos de "partir do zero". Esse poder de recriar nossa vida a cada momento. Sem mudar de cenário, de apartamento, de cônjuge ou de trabalho, mas simplesmente sentindo as coisas de forma totalmente distinta. É como observamos, às vezes, na volta das férias: algo mudou. Nós nos sentimos mais leves, distanciados, mais profundos, mais ancorados. É algo extraordinário, quase imperceptível, mas nossa percepção está diferente. É como uma nova vida começando no mesmo cenário da antiga. Para chegar a isso, tivemos que sair do nosso contexto usual e dos nossos hábitos. Talvez tenhamos dançado, cantado ou feito alguma trilha. Talvez tenhamos passado longos momentos vendo as ondas do mar beijando a praia e fazendo cantar os rochedos. Talvez, enfim, tenhamos sido vistos por alguém, admirados com tudo o que este simples olhar tem de reparador. Em todos os casos, estar em outro lugar permitiu o surgimento de outro modo de ser.

Então como fazer para permanecer nesse estado de abertura? Nessa espécie de ingenuidade construtiva que o mestre Shunryu Suzuki, um dos fundadores do budismo zen nos Estados Unidos, denomina "espírito de principiante". Tendo chegado ao país nos anos 1950, ele criou, em perfeita sintonia com a revolução social da época, diversos locais para essa prática, estabelecendo-a de modo tão vívido quanto a original.

O primeiro passo, e o mais eficaz, será alterar alguns de nossos hábitos: mudar de trajeto ao ir trabalhar, usar roupas diferentes, andar com os olhos voltados para o céu (e usar a intuição para não esbarrar em nada).

Ritual: passear na cidade como um turista/entrar numa igreja

Para espairecer um pouco, proponho uma brincadeira que pratico com certa frequência: andar pela cidade como se fosse um turista. Descobri o poder desse ritual num dia em que mostrei Estrasburgo para umas monjas japonesas: a catedral, o bairro Petite-France e, principalmente, os *bateaux-mouches*! Cabia-me, como boa guia turística, descrever, explicar, valorizar os diversos locais emblemáticos da cidade. Além disso, sendo a cultura japonesa muito, muito diferente da francesa, aquele compartilhar histórico-sociológico constituía um verdadeiro desafio! Exigia inúmeros conhecimentos e, sobretudo, vontade de se colocar no lugar do outro (empatia) para explicar melhor. Eu tinha que contar as histórias me perguntando: "Como será que uma japonesa (monja, ainda por cima) percebe isso tudo?" Nessa situação, a cidade me pareceu totalmente diferente. Comecei a realmente olhar para ela, descobri-la, como se a visse pela primeira vez. Ruas que eu atravessara em centenas de ocasiões revelavam detalhes surpreendentes: uma gárgula aqui, uma inscrição na parede ("Adèle, eu te amo") ali, tudo tendo que ser explicado. Tantos detalhes conferiam um novo brilho à cidade como um todo.

Mas o momento mais surpreendente foi, sem dúvida, a

travessia da cidade de *bateaux-mouche*. Pude contemplar, ali da água, os lugares familiares onde trabalho, tomo café, almoço, faço compras... Uma grande mudança de perspectiva, capaz de reinventar o cotidiano. O barco, além disso, singrava as águas em ritmo muito lento, conferindo a tudo uma sensação de tranquilidade, a mil léguas da efervescência habitual da cidade.

Um efeito similar ocorre quando entramos numa igreja, num templo ou numa mesquita no centro de uma cidade qualquer. Estamos em pleno burburinho urbano e, no instante seguinte, assim que empurramos a pesada porta de madeira: sossego. Esses locais de paz ainda são numerosos, tanto nas cidades quanto no interior, e ficam abertos ao público. Dá para se sentar ali tranquilamente, desfrutar do silêncio e ouvir as batidas do coração. Nas igrejas, diferentemente do que acontece nos *bateaux-mouches*, outra dimensão pode se descortinar para quem entra ali com a mente aberta: a da espiritualidade e do fervor de tantas pessoas que, século após século, rezaram naquele lugar.

Nem todas as igrejas produzem esse efeito; algumas, às vezes, chegam a ser opressivas. No entanto, em meio ao silêncio, você conseguirá perceber isso e deixar que seus passos o guiem para outro refúgio.

Como praticar

Seu ritual, esta semana, poderia ser o seguinte: um passeio pelo seu bairro ou um pouco além, a passos lentos, o rosto ao vento, respeitando seu próprio tempo. Observe as pedras, as pessoas, os passarinhos.

A ideia é mudar nosso ritmo interno caminhando e respirando tranquilamente.

E então, se quiser, entre numa igreja. Por que não? Só para ver, sentir e ficar ali sentado uns 10 minutinhos. Apenas para aprender a não fazer nada, como um grande sábio!

Efeitos

Ao sair, ligeiramente transformado, você com certeza será tocado pela sensação de ter vivido um momento novo. Poderá então seguir com seu dia em ritmo lento e olhar iluminado.

Para ser sincera, tudo isso vai muito, muito além. Estava hesitando em entrar nesse assunto, mas é melhor ser honesta. Os efeitos desse ritual podem ter influência até os confins do Universo! No budismo, falamos muito em interdependência: a ideia de que todas as coisas estão conectadas, que nada existe separado do resto. Que, para viver esta vida, por exemplo, precisamos de oxigênio e, portanto, das plantas, da água, etc. A ideia é de que tudo influencia tudo, o tempo todo, como um imenso organismo funcionando em conjunto. Sendo assim, nosso estado interior, nossa abertura para o mundo, tem uma importância crucial! Com nossos humores, nossas palavras, nossas expressões ou nossa consciência corporal, influenciamos não só as outras pessoas, como também as plantas, os animais, etc.

Isso foi recentemente evidenciado pelos famosos "neurônios-espelhos" descobertos por uma equipe de cientistas da Universidade de Parma: quando olhamos para alguém ou alguma coisa, certos neurônios do nosso cérebro reproduzem o que vemos de forma espelhada. Nós o vivenciamos, portanto, internamente. De acordo com o atual andamento das pesquisas, os neurônios-espelhos funcionam principalmente com indivíduos da mesma espécie. Então imagine só as consequências da sua prática diária para os seus contemporâneos!

Você abre seu horizonte, adota um olhar novo e repleto de frescor para as coisas que o cercam, desfruta intimamente deste outro estado de ser e comunica seu bem-estar para as pessoas que cruzam seu caminho. Que boa ação para a nossa sociedade! (E que responsabilidade, na perspectiva inversa!)

Posologia

De vez em quando, ao sabor de sua vontade, sozinho ou acompanhado. Andar pela cidade como turista ou entrar numa igreja são apenas formas de mudar os hábitos e o olhar. Tente pensar em mais possibilidades, se assim desejar. E, principalmente, compartilhe-as com outras pessoas, para todas, juntas, mudarem o mundo!

CAPÍTULO 2

Aprender a canalizar a mente: o maravilhoso poder da concentração

"O segredo do zen consiste em simplesmente sentar-se, sem objetivo e sem espírito de lucro, numa postura de grande concentração."
Taisen Deshimaru, mestre zen (1914-1982)

"Sinta a Força, Luke... Sinta a Força... Concentre-se!" Com certeza você deve ter reconhecido o famoso diálogo entre mestre Yoda e Luke Skywalker no filme *Star Wars*. Está tudo aí! Está tudo dito. Nada é possível neste mundo sem um mínimo de concentração. No diálogo citado, Yoda está ensinando Luke a fazer uma rocha levitar por meio de sua energia mental (e isso tudo enquanto se equilibra sobre as mãos). Não iremos tão longe. Prometo. Não que isso seja impossível (imagino algum dos leitores estremecendo ao ler esta afirmação):

acredito realmente que os poderes da mente ultrapassam a forma limitada com que os utilizamos. Mas desenvolvê-los exigiria tamanho empenho, tamanha motivação, que não cabe descrevê-los neste livro. Quem sabe num próximo, se insistirem...

Por hoje, vamos nos ater ao "razoável", ou quase. Ainda assim, ter em mente a ideia de que "tudo é possível" é algo que facilita qualquer aprendizagem. De modo que convido os leitores mais ousados a reservarem um pequeno espaço, num cantinho da mente, para essa famosa citação de Mark Twain: "Eles não sabiam que era impossível, então o fizeram." Nunca se sabe, pode vir a ser útil.

Mestre Yoda, então, tenta ensinar a Luke o poder da concentração. Uma árdua tarefa. E hoje seria muito mais difícil, considerando os tantos avanços tecnológicos de que dispõe nossa sociedade. Se essa cena tivesse sido filmada no século XXI, Luke estaria com um celular na mão, conferindo discretamente o WhatsApp enquanto fingia escutar o mestre. Seu pensamento estaria flutuante, difuso, nem lá nem cá, como que em suspenso.

É isso que vivencio em casa, de vez em quando, diante de um adolescente muitíssimo educado – e muitíssimo indiferente –, que responde com onomatopeias e sorrisos distraídos a qualquer tentativa de comunicação. O malandrinho já entendeu faz tempo que o melhor jeito de ser deixado em paz é com gentileza e educação. Usa-as com uma habilidade de causar inveja a qualquer diplomata da ONU! Com o celular grudado na mão, desembainhado a cada toque de notificação, esse adolescente está fisicamente presente, mas mentalmente preso ao telefone, com o mesmo fervor de um corretor da Bolsa de Valores antes do fechamento do Dow Jones.

Alguns poderiam alegar que, na verdade, isso é concentração, só que voltada para o celular. Mas é diferente. Seu comportamento é totalmente inconsciente. Trata-se, na verdade, de uma série de respostas automáticas a estímulos externos, gerando um foco de brevíssima duração. O aparelho toca, ele olha a mensagem. Não há pausa entre o toque e o gesto, nem qualquer consciência do encadeamento entre eles. A mente está fascinada pelo objeto sem passar pelo filtro do senso crítico ou da "consciência de si", o que difere das práticas de concentração, cujo ponto-chave reside justamente na "consciência de..." ou na "atenção". Dito de modo mais claro: quando você está concentrado, sabe o que está fazendo!

Repare que, para ser mais palatável, tomei o cuidado de escolher o exemplo de um adolescente, mas poderia perfeitamente ter citado o meu ou... o seu, em alguns momentos. Ou não?

Seja como for, a prática da concentração não é – e isso é um eufemismo – a mais difundida das atividades contemporâneas. Ainda que a ideia em si costume aparecer nos boletins escolares: "O pequeno Justin tem inúmeras habilidades, mas precisa se concentrar mais"; nas competições esportivas: "Roger Federer se concentrando antes do *tie-break*" e em palestras de coaching: "Se seu objetivo é ser mais concentrado, repita comigo: 'Issoooo, estou focado!'" Em suma, a concentração é frequentemente citada como sendo a fonte de todo o sucesso ou de toda a realização em qualquer área.

E a espiritualidade não foge à regra! O segredo de nossos avanços reside no aprendizado de uma real capacidade de concentração. Na meditação, por exemplo, é uma das práticas primordiais. O meditante é convidado a se concentrar em sua postura (diversos pontos importantes do corpo, como seu ancoramento no solo ou a retidão de sua coluna vertebral) e em sua respiração (inspiração, expiração). A ideia subjacente é disciplinar a mente. A mente: esse notável macaquinho cheio de anfetamina, pulando de galho em galho, sem plano de voo definido. Sem distinção, passa de uma árvore para outra, da copa para o pé, pendurando-se pela cauda, pelas mãos ou pelos pés: uma metáfora da mente em todo o seu esplendor, ágil como um macaco e distraída como um adolescente apaixonado.

Então – esse é meio que um *leitmotiv*, desculpe se estou me repetindo – não se trata de entrar em guerra com a nossa mente, porque os danos colaterais seriam muitos. Conheci praticantes do zen que fizeram da concentração absoluta seu cavalo de batalha. Depois de alguns anos, viam-se dotados de um corpo super-rijo e uma mente condizente: cenho franzido, sorriso inexistente, intolerância absoluta a tudo que pudesse perturbar seu mundo pré-regulamentado.

Por isso, trago este alerta preliminar: aprendizes da meditação, cuidado! Excesso de concentração prejudica a concentração. Nosso objetivo será então desenvolvê-la, conquistá-la, com um misto de determinação e doçura.

Um pouco mais adiante, você vai ver esta palavra mágica, "Presença", também chamada (de forma menos poética, é verdade) de "Observação" ou (de modo mais exótico) "Vipassana". Pois saiba, desde já, que a prática da concentração deveria ser alternada com a da "Presença/Observação". Duas práticas espirituais, tão necessárias quanto as duas asas de um pássaro, que permitem, juntas, desenvolver a harmonia. O Caminho de Buda, que permeia essas linhas que você lê agora, também é chamado de "caminho do meio", e compreende-se claramente o porquê!

Para instilar um pouco de espiritualidade em nossa vida, os primeiros passos serão, portanto, no sentido do aprendizado da concentração. Antes de prosseguir, porém, fica a pergunta: para que ela serve? São inúmeros os seus benefícios. Mas, para poupar papel, árvores e seus olhos, vou citar apenas alguns.

A concentração ajuda a se recentrar

Quando aprendemos a trazer a mente de volta para o corpo, resgatamos o sentido da expressão "ter os pés no chão". Nos seminários de desenvolvimento pessoal, é comum ouvir: "Você precisa trabalhar seu ancoramento." Desconsiderando a imposição "você precisa" (que tem tudo para irritar o mais dócil dos leitores), atentemos para a palavra "ancoramento". De que se trata? Bem literalmente: precisamos (risos) sentir que temos pernas, pés, e que eles estão, neste momento, em contato com o solo. Isso significa dirigir nossa atenção e nossas percepções para a parte inferior do corpo. De uma maneira totalmente física. E muito, muito simples.

Essa prática é especialmente recomendada para pessoas distraídas, sonhadoras ou que "esquentam a cabeça" com facilidade. Desloca-se a consciência para um ponto físico e, sobretudo, estável! Talvez ajude pensar no judoca francês Teddy Riner, que tem um ancoramento impressionante.

A concentração, portanto, permite aprender ou descobrir o ancoramento. Isso pode ser feito desta forma, focando na parte inferior do corpo, mas também através da respiração (veja o ritual a seguir).

A concentração libera o espírito

Se, por curiosidade, você fez o exercício anterior, terá constatado o seguinte: voltar a atenção para um ponto específico permite excluir as demais *preocupações* do campo mental. Dito de outra forma: é impossível pensar em várias coisas ao mesmo tempo! Se me concentro no ancoramento no solo ou na respiração, vou pouco a pouco aprendendo a canalizar a mente. Essa capacidade é extremamente útil para liberar o espírito de todos os pensamentos parasitas e em eterno turbilhão. Pode ser trabalhada por meio de diversos rituais trazidos de tempos imemoriais e comuns a diversas práticas espirituais.

Sem concentração, a mente divaga e rodopia como um furacão, arrastando-nos tal qual uma folha de outono conduzida pelo vento... inexoravelmente... para baixo.

Mas – e esta é de fato a mensagem que desejo transmitir aqui – a concentração é algo que se trabalha, se conquista, se descobre, e que traz consigo a tranquilidade interior e a redescoberta da liberdade.

Alguns rituais

Da mesma forma que uma musculatura definida é construída dia após dia na academia, a concentração também requer treinamento. E os resultados serão, como sempre, proporcionais ao tempo investido. Para motivá-lo, saiba que, ao se concentrar – na respiração, por exemplo –, você poderá conhecer a experiência da tranquilidade e do centrar-se. Com a mente focada no exercício, não há tempo para pensar em outras coisas. Pelo menos durante o ritual. Saiba também que sua capacidade de concentração e, portanto, seu acesso à serenidade vão crescer a cada dia, a cada treino. Vale a pena, não é?

Contar as respirações – *susoku*, em japonês

Embora os mestres zen discordem neste aspecto (alguns o incentivam, outros são estritamente contra, por motivos razoáveis que seria demorado descrever aqui), pude experimentar algumas vezes os benefícios desta prática.

Como praticar

Durante a meditação, ou se você estiver sentado calmamente, leve sua atenção para o movimento do sopro e conte as respirações. Uma por uma.

Caso esteja cansado ou agitado, conte as inspirações *e* as expirações.

Inspira: um, expira: um. Inspira: dois, expira: dois... Conte até 10, e, em seguida, de 10 a zero.

Você pode realizar essa série duas ou três vezes, ou mais, até se sentir mais centrado. Até ter realmente consciência do lugar onde se encontra, de que horas são, de como está o ambiente externo neste momento, etc.

Efeitos

Este ritual congrega as energias e nos reinstala dentro de nós mesmos, no aqui e agora. O sopro também tem a virtude de nos trazer de volta para o corpo, não mais perdidos em pensamentos.

Posologia

Com a respiração sempre presente, este ritual pode ser realizado de maneira despercebida, em quase qualquer lugar. No ônibus, no metrô, na fila ou na frente do computador, enquanto se espera um vídeo carregar. Pode ser usado, inclusive, para se desintoxicar do celular ou do cigarro: cada vez que sentir vontade de dar uma olhada na telinha ou acender um cigarro (talvez as duas coisas juntas, para os mais audaciosos): faça uma pausa e conte suas respirações.

Um tempo de pausa quase mágico!

Como praticar

Caso esteja se sentindo confuso ou disperso, preste atenção no momento vazio que surge logo após a expiração. É uma apneia, um tempo de suspensão, antes de voltar a inspirar. Quando os pulmões estão vazios, com frequência ocorre uma pausa respiratória, pouco antes de retomar a inspiração. Esse momento é simplesmente... mágico!

Efeitos

As virtudes dessa prática são muitas: por causa do foco no movimento da respiração, nosso estado interior pode se alterar. Caso você perceba essa apneia que sucede à expiração, ao voltar sua atenção deliberada para ela, a respiração naturalmente desacelera e se estabiliza.

Nessa apneia, nesse momento preciso, abre-se uma brecha no *continuum* do tempo. Uma pausa. Um momento em suspenso, durante o qual os anjos brincam em balanços. Percebo essa suspensão várias vezes, surpresa, ao longo do dia. Há tesouros escondidos nessa fenda da respiração. Que tal explorá-los?

Posologia

Sempre que possível, para finalmente "se estabelecer em si mesmo", segundo a magnífica expressão do mestre indiano Swami Prajnanpad.

CAPÍTULO 3

O primeiro pensamento da manhã

No que você pensa de manhã ao acordar? Qual é o seu primeiro pensamento? Para muitos, quando toca o despertador, é algo como "Ah, não, já?". Às vezes, o dia começa com um medo, uma angústia ou outra emoção forte diante da perspectiva de ter que enfrentar a nova jornada, o cônjuge, os colegas, os filhos...

Ao escrever o título deste capítulo, fiz uma espécie de regressão espontânea às origens da humanidade. Uma regressão puramente imaginária, que fez emergir do limbo esta pergunta ontológica: "Qual era o primeiro pensamento de meus ancestrais australopitecos nas savanas ao amanhecer?" Vou poupá-los aqui das tantas imagens, ideias, reflexões que chegaram até mim daqueles tempos tão antigos, mas não da nova pergunta que me sobreveio na esteira dessas divagações internas (a todo vapor!): "De onde vêm hoje, agora, neste momento, todas essas ideias uma atrás da outra?"

Você já se fez essa pergunta? Ninguém, até hoje, é capaz de prever no que vamos pensar daqui a dois minutos nem o porquê. O espectro de causas e condições que regem o surgimento de qualquer ideia é imenso! E suas fontes são tão numerosas quanto a miríade de estrelas de nossa galáxia... Sem falar nas galáxias vizinhas. Simplificando: não sabemos no que vamos pensar daqui a 30 segundos. Nem por quê. Assim, a perspectiva muda da água para o vinho.

Essa constatação cristalina nos convida a dar a mais extrema e acurada atenção aos pensamentos que surgem em fila indiana na nossa cabeça. Um atrás do outro, feito bons soldadinhos, não raro em marcha rápida. Porque, em geral, seguimos nossos pensamentos quase que cegamente e tomamos decisões com base nessas reflexões ou análises. É o que no budismo chamamos, de maneira tão poética quanto metafórica, de véu da ilusão. Nossos pensamentos formam, diante do real, um véu transparente, quando não totalmente opaco, que nos impede de viver as coisas em sua suntuosa incandescência.

Esse processo interior é, na maior parte do tempo, totalmente espontâneo e inconsciente. Um pensamento emerge não se sabe de onde – "Esse aí está de cara amarrada. Parece não ser muito simpático" –, seguido por um cortejo de interpretações, reflexões e análises – "De qualquer forma, todo mundo sabe que esse pessoal que faz auditoria em empresa está sempre buscando pelo em ovo. Eu também seria assim se passasse a vida procurando erro no trabalho dos outros. É natural ele estar deprimido. Se for para escolher, ainda prefiro focar nas coisas boas, mas, enfim, cada um é cada um..." E então sorrimos para esse senhor, por sentirmos pena de seu trabalho tão difícil, em conformidade com uma sequência de pensamentos internos e, devemos admitir, totalmente subjetivos. Esse senhor talvez esteja apenas cansado ou pensativo ou talvez não saiba sorrir (ver Capítulo 14). Mas nossa mente, à rédea solta, decretou algo diferente.

As associações de ideias atuam assim desde a manhã até a noite. As de Putin, Trump ou Assad têm as trágicas consequências para a paz mundial que conhecemos. Mas há uma infinidade de outras que também podem transformar nosso dia num inferno. Guardadas as devidas proporções, muitas pessoas carregam na cabeça uma espécie de carcereiro mal-humorado que comenta cada um de seus gestos: "Você é mesmo um idiota"; "Isso é ridículo"; "Se é para falar besteira, melhor ficar quieto", etc. Uma voz interior, incorporada na infância, que tem palpite para tudo: "Isso está bom", "Isso não vale nada", "Você nunca vai conseguir", "Os outros são maus", etc.

Será duplo, portanto, nosso caminho de libertação:

- Tomar consciência dos pensamentos.
- Recriar uma relação justa com eles.

E como a natureza criou as coisas bem-feitas, na maioria das vezes basta tomar consciência (etapa 1) para já se libertar (etapa 2). É mágico!

Tomar consciência do primeiro pensamento da manhã equivale, portanto, a alinhar o seu dia com a Presença e a lucidez.

Em muitas tradições espirituais, os praticantes se levantam ao alvorecer – ou bem antes, até – para ver o dia raiar. Acompanhar o sol em sua lenta ascensão para o zênite, com uma mente clara e serena. Esse é o objetivo que me anima ao despertar – embora o sol e a mente clara nem sempre deem o ar da graça! Porque cada manhã é um novo começo, para não dizer reconquista. Já tive a sensação de que o reino da noite, enquanto apagava o contorno das coisas, extinguia igualmente certas luminárias internas: a atenção e a vigilância, claro, mas também vontades, motivações e desejos. Do lado positivo, algo que no dia anterior soava como uma tragédia (uma briga, um e-mail desagradável...), muitas vezes pela manhã parece bem mais irrisório. "Nada como uma boa noite de sono", lembra o adágio popular. Por outro lado, uma agitação, um entusiasmo ao cair da noite – "Amanhã vou correr!", "Amanhã vou acordar cedo!" – pode desaparecer por completo ao nascer do dia. Então o que fazer?

E se cada amanhecer fosse o início de uma nova vida? E se fosse possível, toda manhã, começar tudo de novo? Para os budistas, essa ideia é a fundamentação da realidade. A todo instante – e não só pela manhã – podemos, de repente, abstrair a mente e fitar o mundo com um olhar novinho em folha. O "budista do amanhecer" começa então seu dia descerrando o olhar. Pinga no canto do olho um colírio espiritual, remédio mágico que tem a virtude de clarear instantaneamente a paisagem! Esse colírio é gratuito – budismo e negócios não casam muito bem – e se encontra ao alcance de todos. É a luz da vigilância, capaz de iluminar qualquer vida que seja.

Uma vez estabelecida essa declaração de princípios, do que se trata exatamente?

Nota *en passant*: espero que tenham reparado no meu esforço de entusiasmo e motivação ao redigir o trecho acima. Uma artista de rua não faria melhor: "Aproximem-se, senhoras e senhores, venham descobrir o segredo da plena Presença! Hoje, só para vocês, bem diante de seus olhos atônitos, séculos de espiritualidade desvendados! Venham mudar de vida à luz da sabedoria zen! Ommm... Há o suficiente para todos. Aproximem-se!"

Mas e aí, como fazer? Como tomar consciência do primeiro pensamento da manhã? E, principalmente, para quê?

Só para brincar um pouco – a vida é breve –, vejamos as coisas fora de ordem. Primeiro o ritual matutino, depois o "porquê" (o qual, diga-se, já foi levemente exposto nas linhas anteriores). Experimentaremos, em tempo real, uma mudança de paradigma: a inversão dos hábitos de pensamento e o desenrolar totalmente ilógico do raciocínio. Uma pedrinha na engrenagem do intelecto não pode fazer mal!

Ritual do dia que se inicia

Como praticar

Ainda na cama, antes de se levantar, tire um momento para se sentar na beirada do colchão. Com os pés tocando o piso, de preferência, tente plantar os pés no chão, tanto no sentido próprio quanto no figurado. Em seguida, entreabra os olhos: não muito, só o suficiente para tomar consciência do lugar onde está. E então comece a examinar, ver, escutar os pensamentos que estão atravessando seu universo interior. No que está pensando agora, neste exato momento? Seus pensamentos assumem a forma de imagens, de uma pequena voz interior ou de sensações físicas/emocionais? Pois cada pensamento tem, de fato, uma forma específica, uma estrutura pertencente ao campo visual, auditivo ou cinestésico.

Desde o despertar, comece a observar o conteúdo da sua mente, como faria um cientista. Você se tornará assim o explorador de seu próprio cérebro: lupa na mão, chapéu e, como bônus, uma surpresa! Sim, porque, se você realmente fizer isso, vai se surpreender um bocado com o que surge espontaneamente na sua consciência. Ora ranzinza, ora sonolenta, sua voz interior muitas vezes já está presente desde o amanhecer. Você vai seguir suas instruções?

Efeitos

Observando seus pensamentos, no laboratório de sua prática espiritual, você pode descobrir uma nova maneira de ver, um novo ângulo, e tomar certa distância em relação aos seus hábitos mentais.

É possível, ao despertar, olhar com neutralidade para pensamentos do tipo "Mais uma droga de dia, e ainda por cima está chovendo...". O pensamento, com isso, perde poder de influência. É posto a distância, de certa forma. E você percebe em si mesmo um alívio profundo: uma forma de libertação, muito preciosa, que permite continuar o dia de forma bem mais leve.

Meu conselho

Se você nunca fez isso, comece a observar seus pensamentos já no dia anterior, ao ir se deitar. Pode, inclusive, fazer isso na cama e sentir uma calma notável. Sugeri esta prática a pessoas que tinham dificuldade para dormir: o distanciamento criado em relação aos problemas as fez cair mais facilmente no sono. Descobriram um jeito de relaxar e, ao mesmo tempo, ter "algo para fazer", uma tarefa a cumprir que permitiu canalizar sua mente.

Para não esquecer de realizar esta prática ao despertar – ah, as boas resoluções! –, você pode colar um Post-it na mesa de cabeceira ou em outro local estratégico. Lembre-se também de mudar regularmente esse lembrete de lugar para não deixar de notá-lo.

Por fim, caso se sinta especialmente sonolento ao acordar, faça esta prática depois de lavar o rosto com água fria, como indicado num antiquíssimo texto budista: é um verdadeiro remédio para a sonolência.

Boa prática!

CAPÍTULO 4

Viagem ao centro do eu, do não eu e do infinito

Recentemente conversei ao telefone com um jornalista alemão, muito simpático e direto, em uma entrevista sobre o silêncio (meu livro anterior se chama *A magia do silêncio*). Era minha primeira entrevista em alemão, durante a qual me lembrei com emoção dos meus vários professores do colégio, que, com um enorme esforço, tentavam incutir seu amor pela língua de Goethe a uma turma de preguiçosos, sem receber qualquer sinal de interesse a não ser pela nota no boletim escolar. Rilke e Hesse continuavam verdadeiros estranhos para nós. A entrevista com esse jornalista, contudo, demonstra que meus veneráveis mestres não trabalharam em vão. E foi com imensa gratidão, portanto, que utilizei declinações e genitivos saxões (os germanistas vão entender), de forma aproximativa, sem dúvida, porém com entusiasmo.

A pergunta do jornalista M. H. me pegou de surpresa. Eu estava explicando que meu livro anterior era uma busca pelo silêncio interior, o único capaz de trazer profunda tranquilidade em qualquer circunstância. M. H. então retorquiu: "Mas você não tem medo de que, com isso, as pessoas acabem ficando totalmente voltadas para si mesmas, egocêntricas? Por vezes acontece de eu ouvir, numa festa, monólogos de meia hora em que a pessoa faz questão de descrever em detalhes todo o seu processo interior e emocional: é muito chato!" Eu estava adorando! Sim, o perigo do desenvolvimento pessoal está em criar tamanho foco no eu que todo o resto desaparece. Sem contar – como nos propõe Sigmund Freud – o id e o superego. Uma vida não seria suficiente para estudar essa turma toda!

Nesse aspecto, a espiritualidade felizmente vem mais uma vez em nosso auxílio. É surpreendente a quantidade de sábios que apareceram entre o fim do século XII e o início do século XIII: Ibn Arabi, São Francisco de Assis, Hadewijch de Antuérpia, mestre Eckart, entre outros. Sem dúvida, as ideias circulam muito mais facilmente do que podemos imaginar. Num conhecido ensinamento, o mestre zen Dogen (século XIII), filósofo e monge de grande genialidade, escreveu o seguinte poema: "Estudar o Caminho de Buda é estudar a si mesmo. Estudar a si mesmo é esquecer-se de si mesmo. Esquecer-se de si mesmo é estar em unidade com todas as existências." Um projeto e tanto! Nossas falhas narcísicas moídas no processador!

Então, para responder exaustiva e detalhadamente à pergunta levantada, eis um pequeno estudo de texto, no modo zen:

Primeira proposição: "Estudar o Caminho de Buda é estudar a si mesmo"

Longe de permitir que examinemos tranquilamente, de lupa na mão, o menor de nossos sonhos, fantasias ou outros lapsos reveladores, mestre Dogen inscreve a procura interior numa dimensão mais ampla: o Caminho de Buda. Estabelece, já de início, que toda busca espiritual implica voltar-se para aquilo que está aí: esse "si mesmo", essa personalidade cambiante e versátil que passa de uma emoção a outra e de um pensamento a outro no decorrer do mesmo dia.

Mas o que mestre Dogen entende por "estudar a si mesmo"? Na verdade, e contrariamente a muitas propostas atuais, não se trata de ficar fascinado ou hipnotizado por nossos pensamentos. Alguns de meus contemporâneos de fato passam muito tempo "voltados para si mesmos", tentando explicar todos os seus comportamentos à luz da psicologia, do xamanismo, do eneagrama ou das constelações familiares. Esses métodos são úteis, é claro, desde que sejam reservados a alguns aspectos pontuais e delimitados de nossa busca existencial. Do contrário, há o risco de, com o tempo, cairmos numa hiperpsicologização de nosso mundo interior, uma espécie de encenação narcísica que impede qualquer conexão verdadeira com o outro, com a vida real, que entretanto segue seu desenrolar diante de nossos olhos desatentos.

O caminho proposto é outro: estudar a si mesmo, claro, mas de uma maneira "neutra"! Sem julgar, sem analisar, sem comentar. Nada de "Se hoje estou furioso é porque na barriga da minha mãe convivi com um irmão gêmeo que nasceu morto, mas nunca me contaram. Isso foi confirmado por um sonho que eu tive. Meus pais faleceram nesse meio-tempo, e estou furioso por eles terem me escondido a verdade...". E nada de "Ele é a vítima, portanto me põe na posição de carrasco. Mas eu não quero esse papel para mim, é muito desagradável!".

Não se trata de analisar, mas de ser testemunha. Ter consciência dos pensamentos e das emoções que nos percorrem e deixá-los viver. Deixá-los entregues a si mesmos, sem outra intervenção senão ser uma testemunha silenciosa e complacente.

(A frase anterior poderá assustar um praticante avançado de meditação zen. Peço a ele que me perdoe. A "testemunha silenciosa" é apenas uma imagem, claro... "Ela" não existe!)

Segunda proposição do nosso patriarca terrível: "Estudar a si mesmo é esquecer-se de si mesmo"

Mestre Dogen, patriarca terrível, era muito exigente ou mesmo intransigente. Ele é um pouco como a estátua do comendador – elemento que, na tragicomédia *Don Juan, ou O banquete de pedra* (1665), de Molière, representa a figura reprovadora, associada à culpa e ao castigo –, então atenção ao que vou escrever...

Essa frase requer alguns esclarecimentos. O esquecimento de si, tal como compreendido no caminho espiritual, nada tem a ver com descuidar de si mesmo ou colocar-se eternamente à disposição de todo mundo. É comum encontrar essa tendência nas profissões de cunho social ou médico: o indivíduo ultrapassa alegremente seus limites para ajudar o outro ou tentar salvá-lo. Também é observado nessas pessoas que, ao começarem um relacionamento, esquecem-se de todos os seus sonhos ou desejos para se fundir na vida de sua cara-metade. Vão praticar as mesmas atividades físicas, ter os mesmos amigos e os mesmos hobbies. Nesses exemplos, o esquecimento de si mais se assemelha a uma fuga da realidade do que a uma autêntica prática espiritual. Permite, sobretudo, nunca "observar a si mesmo", já que o foco está sempre no outro, no bem-estar dele, nos problemas que ele tem para resolver. Para os jovens (e não tão jovens), fundir-se na vida do outro é uma maneira de não confrontar a pergunta primordial: "E eu, o que eu quero? Quais são os meus sonhos? Do que tenho vontade/necessidade?"

Ocorre que, para mestre Dogen, "esquecer-se de si mesmo" passa principalmente pela etapa anterior, a do estudo de "si". Essa etapa requer uma autêntica conexão com o real, com as emoções, com o que está aí, no imediato, com esta personalidade manifesta no instante presente. Em suma, não adianta ir diretamente para a segunda etapa sem antes passar pela primeira!

Mas, quando fala em esquecimento, mestre Dogen refere-se, antes de mais nada, à sublime e mística experiência do "desaparecimento". A personalidade – cuja aparência bem ou mal tentamos manter, "Eu sou Kankyo, monja budista e escritora, blá-blá-blá..." – se desfaz no abismo luminoso do presente absoluto! De modo que, não se preocupe, não vamos entrar em nenhuma patologia psiquiátrica descrita no DSM-V: trata-se de uma experiência espontânea e efêmera da qual só subsiste em nós posteriormente a marca de certo distanciamento.

Vou explicar melhor: quando praticamos a observação dos pensamentos e das emoções (durante a meditação, por exemplo), podemos constatar que muitas coisas surgem sem ordem lógica e parecem sem pé nem cabeça. Não sabemos de onde saiu essa mistureba. Não sabemos para onde vai depois. Essa experiência – que lhe recomendo fazer num dojo de meditação zen – cria uma espécie de distanciamento em relação ao que antes chamávamos de "meus pensamentos". Isso vale também para "meus sonhos", "minhas fantasias", "meus atos falhos", etc. E vale ainda para "minha personalidade", "meu temperamento" e "minha história de vida".

Quando essa experiência de observar os próprios pensamentos é repetida diariamente, a relação com "si mesmo" se modifica substancialmente. Manifesta-se certa distância, um tipo de espaço redescoberto, que poderíamos qualificar como "esquecimento de si".

(Nota aos budistas eruditos que porventura tenham lido essas últimas linhas: algo é certo; sim, eu poderia ter falado sobre o Anatman, mas não me deu vontade. Só isso.)

Terceira proposição: "Esquecer-se de si mesmo é estar em unidade com todas as existências"

Atenção! Com esta última sentença, mestre Dogen se aproxima dos anjos! Nosso venerável patriarca escreveu uma obra imensa. Poemas, comentários de antigos sutras, mas também alguns livros um pouco mais moralistas, destinados à educação dos monges. Repletas de "é preciso" e "você deve", essas coletâneas de regras têm o dom de me irritar. "Faça isso, não faça aquilo", o pai normativo por excelência, tão bem descrito na terminologia da análise transacional (veja o método psicológico criado por Eric Berne). O nascimento de um pai faz nascer uma criança em resposta, junto com a legião de relações sociais desresponsabilizantes que isso implica.

Mas só por esta frase, "Esquecer-se de si mesmo é estar em unidade com todas as existências", perdoa-se mestre Dogen por todo o resto!

Que unidade? Que existências? Que estar? Cada palavra dessa proposição mereceria um trecho inteiro de comentários. Mesmo porque, na língua de origem (sino-japonesa) são utilizados ideogramas (*kanjis*), ou seja, conceitos, o que deixa muito mais espaço para a imaginação ou para o sentimento (veja *O império dos signos*, de Roland Barthes).

O que mestre Dogen propõe é que voltemos a pousar sobre o mundo um olhar novo e fresco. Dar um pouco de espaço. Reservar um tempo para contemplar. Sem nenhum comentariozinho perspicaz ou irônico. Apenas o olho que olha, a paisagem que se apresenta e a unidade que se manifesta.

Esta experiência do infinito foi descrita por vários místicos, artistas e poetas e é muito típica da adolescência. É uma idade em que se é facilmente tomado pela vertigem do inexplicável: ao estudar física na escola, ou quando, por infelicidade, um de nossos colegas morre bruscamente ou é acometido por uma enfermidade grave. Essa abertura para o mundo pode se dar em circunstâncias absolutamente corriqueiras, ao cozinhar, ao tirar os olhos da tela do computador e tornar a escutar os sons, etc. Numa famosa história zen, um monge, depois de passar muitos anos buscando esse despertar, encontrando-se com inúmeros mestres, percorrendo montanhas e mosteiros, obtém a Realização ao ouvir uma pedra bater num bambu! Essa anedota parece ridícula, no entanto expressa o essencial: a espiritualidade se aloja no cerne do cotidiano. Aqui. E cada dia reserva seu quinhão de mistério e infinito para quem tenta abrir um pouco os olhos.

Para falar desta experiência do Tudo e do Nada, vou empregar, neste livro, a expressão "plena presença": um modo de ser com as coisas, em unidade. Mas as palavras ainda ficarão bem aquém daquilo que querem comunicar, como um reflexo atenuado da beleza do mundo.

E há, por fim, a quarta frase. Em seu poema, mestre Dogen não para por aí. Sentado no centro do braseiro, imóvel, envolto em seu *kesa* – a tradicional vestimenta budista usada no ombro esquerdo como uma estola, e que pode ser laranja, carmesim, amarela ou preta –, tem experiência suficiente para proclamar a sequência: a famosa quarta frase. E neste momento eu então me retiro, pé ante pé, para deixar que você mesmo a descubra, se esse for o seu desejo.

Ritual: zazen, a meditação zen, todos os dias!

Ao propor este ritual, não tive muita escolha, na verdade. Se depois desse longo preâmbulo eu me atrever a falar em relaxamento ou visualização, o fantasma de mestre Dogen virá puxar meu pé pelo resto da vida. Assim, vou falar do zazen, a meditação zen. Uma prática exigente, quase ascética... mas muito pura!

Como praticar

Esta prática se baseia em três "ações" que se alternam e, por vezes, se misturam:

- Concentração no corpo, acomodado numa postura específica.

- Concentração no movimento da respiração.
- Observação neutra do vaivém dos pensamentos.

Ou seja, três práticas em uma: zazen, a meditação zen. Zazen reúne tudo que nos constitui enquanto ser humano – corpo, respiração, pensamentos – e ensina a nos recentrar, nos aquietar. Um ritual cotidiano mais do que necessário em nossa sociedade hiperativa!

Recomenda-se sentar no chão, numa almofada, e cruzar as pernas, deixando os joelhos descansarem tocando o solo. A almofada, chamada *zafu* em japonês, ajuda a endireitar a coluna vertebral e a corrigir problemas nas costas, tão frequentes em nossas sociedades modernas. Assim, aprumado, o corpo assume uma postura nobre, quase régia, apta a refletir nosso brilho interior. Uma vez que a atitude do corpo possui influência imediata sobre nosso estado mental, é fácil compreender sua importância. Na prática da meditação zen, são descritos com muita precisão diversos aspectos do corpo: posição das mãos, dos olhos, do maxilar e até da língua! E para cada um, há um efeito psicológico impressionante. Assim, o suave encostar da língua nos dentes superiores permite relaxar o maxilar sem abrir a boca... e sem babar! Bem pensado, não é? Uma fonoaudióloga a quem dei aulas de canto recentemente me explicou que essa é, aliás, a postura da boca em repouso.

Só não tenho espaço aqui para abordar, um por um, os diferentes aspectos da postura do corpo. Você poderá encontrá-los no meu site www.dailyzen.fr (em francês, inglês, espanhol e alemão), onde também estão descritas outras maneiras de se sentar (de joelhos, numa cadeira) para tornar essa prática acessível àqueles que são menos flexíveis! Essas informações estão disponíveis em textos, vídeos e podcasts de meditações dirigidas.

Posologia

A prática da meditação zen é das mais preciosas para partir ao encontro de si mesmo. Meu conselho é que a realize todos os dias, de manhã e de noite, de 10 a 15 minutos. É bastante recomendável aprendê-la previamente sob a orientação de um monge, uma monja ou um leigo experiente (desde que ele próprio a tenha praticado por muitos anos): num dojo zen, por exemplo, ou durante um retiro espiritual.

Meu conselho e pequeno alerta

Com a moda da meditação, muitas pessoas se denominam professoras depois de fazer algum curso de um ano ou mesmo de um fim de semana. O campo da mente, da consciência e das emoções me parece delicado o suficiente para que se procure abordá-lo com pessoas experientes. Você pode ver a infinita profundidade – e complexidade – desse assunto, que não se resume a uma nova forma de desenvolvimento pessoal. No budismo, os professores de meditação praticam durante pelo menos 10 anos antes de poder transmitir sua experiência, e contam para isso com a supervisão de um professor veterano. Além disso, comprometem-se em manter contato com praticantes mais experientes para trocar vivências e se confrontar com os problemas encontrados na condução das sessões. Por isso, eu o convido a escolher seu guia com discernimento e a escutar as reações espontâneas do seu corpo.

CAPÍTULO 5

O ensinamento de uma folha de hortaliça, ou como "recobrar as ideias"

Reclamo, chio, xingo, esbravejo! A escrita deste livro, que era para ser um caminho coberto de flores, tem se mostrado repleta de espinhos: imprevistos, pedidos de artigos e compromissos inesperados se somaram – sem, nem de longe, serem convidados – à minha lista de atividades diárias. Era para ser um capítulo por dia, alguns poucos e-mails quando necessário, longos passeios na floresta para ajudar na inspiração. E ponto. Mas a vida, coincidentemente, fez sua irrupção nesse plano bem amarrado: espalhou pedrinhas na engrenagem, como se para lembrar que os imprevistos também fazem parte da festa. Meus dias, com isso, mais parecem uma montoeira desordenada de "coisas para ontem". E, para coroar, essa desagradável impressão de estar diante de uma lista interminável, um poço sem fundo, um magma disforme, um novelo de lã após se tornar brinquedo de gato, em suma... uma bagunça!

Para acompanhar, há também essa sensação no plexo solar, indefinida, opressiva. Não se sabe bem o que é. É sombrio, é denso, parece complicado. Os jornais chamam de... estresse. Uma sensação em alta, muito difundida, que pode surgir nas mais diversas situações. Mas seu campo predileto, sua área de florescimento favorita, é a seguinte: o acúmulo de coisas a fazer. E o tempo, em resposta, parece murchar feito uva-passa.

De modo que aqui estou eu, diante da pia da cozinha, preparando o almoço em minha versão resmungona. Por compaixão aos meus gatos, meus lamentos se dão *in petto*, bem abrigados na minha mente. Os pequenos felinos podem dormir em paz, seja em cima do aquecedor, seja em cima de uma mala velha no alto do armário: tranquilões e totalmente alheios à cena trágica que se desenrola na minha cabeça. Por dentro, fico reclamando: "Fazer almoço leva tempo... qualquer dona de casa sabe disso... e eu tenho um livro para escrever, que diabos (*sim, eu às vezes falo 'Que diabos' na minha cabeça*)! Ah, salada é bom, afinal, preciso comer algo saudável, já não basta esse inverno que não acaba nunca, se ainda por cima eu me alimentar de qualquer jeito não vou ter energia para nada... Pronto! Sai uma salada..." (trecho *in vivo* de um diálogo interior da monja Kankyo, num dia de fevereiro de 2018 – sem comentários, por gentileza.).

Nesse momento, portanto, estou lavando uma hortaliça. Folhas de agrião passam em alta velocidade pela água fria; o intuito é me livrar da tarefa o mais rápido possível.

Em suma, não estou realmente lavando a hortaliça. Faço tudo no automático enquanto o cérebro encadeia uma frase na outra, com toda a pressa, como que em pânico. Ele percebeu – inconscientemente – esse estresse no plexo solar e, parceiro fiel que é, põe-se a fuçar para todo lado tentando fugir do mal-estar. Está buscando através da mente um jeito de se livrar de uma sensação física. Humm...

Não é certo que isso vá funcionar. No momento, resmungar parece distrair um pouco a mente, e o estresse diminui. Mas a maquinaria cerebral segue a 10 mil voltas por minuto, gerando um efeito cascata aparentemente irrefreável: uma verdadeira panela de pressão!

E eis que, de repente, como num passe de mágica, a pequena folha de agrião aparece. É de um verde-escuro, verde-pinheiro, suave ao toque enquanto é retirada do maço de suas irmãs. Uma folhinha bem pequena, no fundo da pia. Eu a vejo. Finalmente eu a vejo! No cerne do turbilhão mental, algo freou de repente e me reconectou com o presente. E no presente há esta folha, esta pia e, sobretudo, a sensação de respirar plenamente. Dura três segundos! Uma impressão fugidia antes que, depressa, arrastada pela irreprimível força do hábito, a mente tente sair outra vez em disparada.

Agora, por experiência, sei que devo agir rápido para reassumir as rédeas. Os clarões de consciência murcham se não são regados, feito um pé de tomate. Rápido! Preciso fazer de tudo para manter a consciência do que estou fazendo.

Para ser sincera, não tenho escolha, como podem imaginar. Já tentei várias coisas, e este é o ponto a que cheguei:

- Não posso eliminar a lista de coisas a fazer.
- Não posso eliminar a emoção desagradável que isso me causa.

- Não posso acabar com os eventuais comentários internos acusatórios ou negativos. "Você é mesmo uma tonta, está de novo no mundo da lua...".
- Mas posso recorrer a um ou dois rituais para "recobrar as ideias".

"Recobrar as ideias": que expressão mais apropriada! Permitir que os pensamentos rodopiantes se aquietem, aqui e agora. Esses rituais estão minuciosamente descritos a seguir.

Quanto a mim, naquele dia – prometa que isso ficará entre nós! – agradeci à minha saladinha. Acho até, aliás, que a hortaliça piscou para mim. Porque foi de sua cor, desse verde intenso, de sua textura indizível, de seu jeito de rodopiar dentro da pia, que veio o lembrete: "Sem salada não há Despertar!" Poderia ser o nosso slogan!

Alguns rituais para "recobrar as ideias"

O ritual da pausa

Pare! Faça uma pausa. Pare tudo. Basta um minuto. Você pode ficar em pé ou sentado. No lugar onde está agora. Dê uma pausa no que está fazendo, respire e retome a consciência do seu corpo. Com isso, a mente desliga e o ritual da pausa lhe permite se situar outra vez no presente.

Nos diversos locais de prática do mestre zen Thich Nhat Hanh, um sino de consciência plena ressoa assim, de hora em hora. Convidando a parar tudo. Tudo. Imediatamente. (Bem, se for o caso, desligue o fogão ou a furadeira...) Pare.

Isso também pode se converter numa espécie de mantra interno. Pare. Pronunciado com uma voz tranquila, para lhe dar vontade de voltar. Pare. Eu estou aqui. Pare. Respiro. Pare. Escuto os sons. Pare. Me sinto melhor...

No entanto, parar, dar uma pausa, não está muito na moda atualmente. Temos mais tendência a valorizar as pessoas hiperativas, as supermulheres, os atletas do cotidiano. Na espiritualidade, ao contrário, saber parar é uma virtude, um sinal de tranquilidade interior: a pessoa que faz uma pausa é capaz de estar em paz consigo mesma. Não é fácil. E os mosteiros zen não escapam da hiperatividade. Assim, alguns praticantes continuam limpando, contabilizando, arrumando, mesmo nos dias de repouso. Quando cruzam com pessoas apenas passeando, poetas ou aqueles que vivem nas nuvens, abaixam a cabeça e caminham bem depressa, o olhar sombrio, na direção da tarefa que os chama. Sua presença ativa pode ser opressiva quando o objetivo do dia é reaprender a não fazer nada, em paz. Mas tal presença também permite avançar mais rápido na via do distanciamento e estudar diretamente na fonte a culpa subjacente. Será que tenho o direito de observar o voo dos pássaros enquanto meus colegas estão cortando lenha? Posso ficar sentada junto à fonte de água sem sentir culpa? Sem eles, não seria possível que essas perguntas aflorassem, viessem à tona. Esta é, então, a oportunidade de agradecer solenemente a todos os hiperativos do mundo que me permitem dar início a esse trabalho interior. Namastê!

O ritual do sopro-refúgio

Existe outro ritual poderoso para "recobrar as ideias". É muito simples e muito eficaz... desde que praticado!

Seus pensamentos estão em turbilhão e sua cabeça parece prestes a explodir. É um bom momento para se isolar por alguns instantes e se reconectar com a respiração. Apesar do seu "problema", você tem muita sorte! Da manhã até a noite, sua respiração vai e vem, sem parar, quaisquer que sejam as atividades em que esteja envolvido. Ela é como um refúgio, um ninho, uma caverna aconchegante, onde você pode, em segurança, estar consigo mesmo.

Como praticar

Isole-se: no banheiro, no escritório, no quarto, no meio do mato ou apenas mentalmente.

Pouse as mãos sobre o abdômen, como se estivesse segurando um animalzinho quente e macio. Pode imaginá-lo, se isso lhe faz bem. E respire. Sinta a respiração que vai e vem. E o abdômen se movendo para acompanhá-la.

Efeitos

Esse movimento vai se aquietar aos poucos, à medida que você for se centrando em si mesmo. A chave desta prática é o sentir. Não adianta "pensar em respirar", é preciso "respirar de verdade", com todas as sensações que acompanham o fenômeno fisiológico.

Posologia

Realizando este ritual regularmente, você cria um ancoramento, um espaço de força interior no abdômen, para o qual poderá retornar sempre que precisar. E é claro que quanto mais vezes voltar a ele, mais firme será o seu ancoramento. (Para saber mais sobre o poder do sopro, veja o Capítulo 10.)

Para ir além: todos os rituais e todas as práticas apresentadas neste livro exigem treino. Você aprenderá a realizá-los pouco a pouco, passo a passo. É possível conseguir de primeira. Ou não. Também é possível descobrir os profundos benefícios do ritual depois de efetuá-lo centenas de vezes. Então, embora de início eu o convide a escolher os rituais que têm "um efeito imediato", que tal também explorar os outros, aqueles que não o "chamam"? Eles podem ser como aquele amigo cuja lealdade você só descobriu depois de alguns anos de convivência. Ou como aquela planta meio feinha que um belo ano floresce em cores deslumbrantes, depois de passar semanas se preparando para isso...

CAPÍTULO 6

"Brana depois da chuva": a espiritualidade no limiar da morte, e depois...

> *"Morrer é passar pelo buraco da agulha depois de inúmeras florações. É preciso seguir através da morte para emergir diante da vida, em estado de modéstia soberana."*
>
> René Char, *La Nuit talismanique*

Uma história no coração do inverno

Chamava-se Brana. Seu nome lembrava *prana*, "o sopro" da tradição iogue. Brana vinha da Islândia. Seus pais tinham aterrissado em solo francês nos anos 1960, agitando o pelo ao desembarcar do avião, olhos arregalados frente a seu novo mundo: as terras da Alsácia. Mais quente que seu país de origem, mas, como ele, contendo vastas áreas e um punhado de humanos para tomar conta deles. Depois nasceram os potrinhos, entre eles, Brana. Uma beldade de olhos doces, misto de vivacidade e meiguice.

Durante anos Brana acompanhara os filhotes do homem em seus aprendizados. Suportara as mãos desajeitadas, os dedos no olho, os gritos, os risos, os choros. Carregara fardos em longos passeios. Égua alfa, em geral ia à frente da expedição, encarnando uma superioridade natural, embora fosse cega de um olho ou quase: era encoberto havia anos por um véu opaco que restringia grande parte de seu campo visual. Mas – algo a que aludimos várias vezes neste livro – a força interior nada tem a ver com a capacidade física.

Durante toda a sua vida e até o fim, Brana teve sorte: um bom karma, como se diz. Todos os dias, depois das aulas e dos passeios, retornava ao pasto com a manada. Cavalos em quase liberdade, galopando em terrenos montanhosos, alimentados com grama e feno. Éguas, garanhões, potros... um verdadeiro mundinho.

Veio então o momento da aposentadoria. Uma longa aposentadoria, uma vez que os proprietários, por motivo de saúde, haviam cessado as aulas de equitação e a criação equestre. Mas tinham amorosamente mantido todos os seus protegidos, e cuidavam deles com dedicação e constância admiráveis.

Então, ao longo de algumas semanas, no coração do inverno, Brana passou a comer com dificuldade, cada vez menos, depois mais nada. Perdeu peso, muita massa muscular, à medida que se realizavam os exames médicos. Nos últimos dias, Brana passava muito tempo deitada, nas poças d'água mesmo, sem forças para se acomodar num chão seco. Chovera muito naquele inverno. As árvores, empapadas de água, caíam à menor rajada de vento. As tempestades se sucediam e a atmosfera sonora se enchia de assobios abafados.

Foi então preciso tomar a decisão de – segundo a expressão consagrada – abreviar seu sofrimento. No último dia, trombas--d'água desabaram sobre a floresta. Deparamos mais uma vez com Brana deitada na lama e a trouxemos de volta para a baia. Um cobertor sobre o lombo, água à vontade e ração, que ela farejava de mansinho e em seguida virava a cabeça. Ao cair da tarde, foi inevitável constatar que faltava alguma coisa. A mera ideia de Brana passar sua última noite sozinha numa baia era de uma crueldade inominável. Um cavalo sem sua manada fica infeliz, e nenhuma presença humana pode mudar isso!

Fui então buscar Diana, sua irmã de pasto. Alguns galhos de árvores caíam aqui e ali quando atravessamos a floresta, ao anoitecer. A égua estava inquieta; eu a segurava com firmeza. Chegando ao rancho, contudo, soltou um relincho de alegria ao ver Brana. Pôs-se a farejá-la e a empurrá-la delicadamente com a cabeça. Estavam juntas.

No dia seguinte veio o veterinário. As duas donzelas, habituadas a grandes espaços, resmungavam um pouco por estarem presas na baia. Levamos Brana para o cercado, não muito longe dali. Diana relinchou com um som rouco, que eu ouvia pela primeira vez. Brana andava com dificuldade, mas respondeu no mesmo tom: "Chegou a hora, estou indo" ou "Adeus, minha irmã, se cuide" ou talvez "Amei muito esta vida sob o sol e as estrelas".

Momentos depois, jazia na areia, sua cabeleira morena espalhada no chão tal qual uma coroa leonina.

No céu, pálidos raios de sol iluminavam a cena.

Em equilíbrio à beira do vazio: um acompanhamento espiritual da partida

Neste capítulo, minha intenção não é exatamente propor um ritual, e sim algumas breves reflexões sobre a vida e a morte, sobre a intervenção e o deixar acontecer, para devolver, se necessário, um sentido para a grande Partida.

O que nos interessa aqui são esses momentos muito singulares do antes e do depois. Alguns anos atrás, meu pai, muito idoso e doente, decidiu parar de se alimentar. Estava consciente, lúcido, mas mergulhado em uma percepção de mundo totalmente especial, relacionada à idade avançada. O tempo perdera sua profundidade. Já sem vontade ou capacidade de se projetar no futuro, ele se mantinha num eterno presente. Cansado pela doença, seu Presente infelizmente penava: um corpo dolorido com pouquíssima energia para desfrutar dos momentos de trégua.

Acompanhei meu pai em suas últimas semanas, num tempo suspenso.

Muito teria a se dizer sobre o fim da vida, tantas vezes ocultado em nossa sociedade contemporânea. A morte: onipresente e invisível. A partida dos entes queridos: tornada ainda mais triste por funerais muitas vezes sem graça e sem rituais. (A respeito desse tema, vale a pena ler *L'Accompagnement de fin de vie*, do mestre zen Roland Yuno Rech com ilustrações de Christian Gaudin.)

Estar junto e dar espaço

Estava me lembrando disso tudo no momento da partida de Brana. No dia anterior, ao seu lado, eu havia cantado alguns mantras budistas enquanto ela estava na baia com Diana. Mas compreendera rapidamente que não tinha nada a fazer ali. Que aquele era um momento só delas: das duas grandes amigas de 20 anos. O acompanhamento é um oscilar delicado entre estar junto e dar espaço. Não cabe impor nossa vontade pessoal nessa situação, que exige uma atenção de todos os instantes. Saí pé ante pé e fui tomar um chá com meus amigos do rancho...

Conectar-se com o invisível

No momento da Partida e nas horas que a antecedem, o tempo muda de forma. Sua textura se faz mais densa, mais concentrada. É a situação ideal para sentir essa possível brecha no "espaço-tempo" e abrir o coração para o invisível. Estar com os pés no chão, com os sentidos em alerta, mas ao mesmo tempo ficar nessa dimensão vibrante, além das palavras. Muitos de nós já viveram essa experiência em certas circunstâncias: sozinho no alto de uma colina, logo depois de um acidente, antes de pular numa cachoeira, durante o nascimento de um filho, contemplando a calmaria do mar ou a placidez de um lago de montanha...

Não se sabe exatamente o que é. É inefável. No entanto, muitas obras de arte se originam precisamente desse lugar.

Junto ao amigo prestes a partir, conectar-se assim ao invisível, com confiança, confere à Partida uma dimensão sagrada. Temos acesso a ela ao nos lembrarmos, por exemplo, de outros momentos similares, "em equilíbrio à beira do vazio", como os descritos acima. Ativar a lembrança desses tempos suspensos, desses momentos mágicos, permite que o corpo reencontre as sensações singulares relacionadas a eles: seja uma não separação entre si mesmo e o mundo, seja a vívida intuição de que Deus existe, de que Ele está aí, ou, ainda, a percepção de uma passagem entre o real daqui e um além... O que quer que o invisível evoque para você, é possível se conectar com ele junto aos seus amigos que estão se despedindo.

O fato de a pessoa ou o animal estar consciente ou inconsciente não muda nada. Que esteja em paz ou agitado, tampouco. É em você que a alquimia age nesse momento. A partir da sua abertura é que a magia pode ser transmitida.

(Parece, inclusive, que essa alquimia está presente o tempo todo, mas que os véus da ignorância costumam bloquear seu acesso a ela. Que um sopro possa erguer esses véus... agora... neste instante... *fffuuu*... respire. Você está vivo...)

Rezar

E então, quando se abrem as portas do céu, fragmentos de palavras às vezes emergem do limbo.

Palavras dirigidas ao insondável: "Meu Deus, faça com que tudo corra bem"; "*Om mani padme hum*"; "Ave Maria, cheia de graça"; "*Nen pi kannon riki*". Ou palavras para quem está partindo: "Eu te amo. Obrigado por tudo que você me deu. Que sua grande viagem possa nos unir ainda mais..."

Nos dois casos, deixar que as palavras brotem de nossos lábios trará intensidade à cena. Aquilo que é dito reverencia o momento. Em voz baixa. Sussurrando. Num sopro. Só entre nós...

Ofertar flores

Na areia, em torno do corpo de Brana, eu havia disposto pequenos vasos de violetas. De todas as cores. Suas delicadas pétalas evocavam a fragilidade da vida. Cercavam-na como uma mandala budista, em proteção. Vasinhos frágeis na areia iluminando a formosa égua...

Ofertar flores para celebrar a vida que segue, apesar de tudo. E para lembrar, se necessário, que a beleza está sempre presente, em todas as circunstâncias.

Meditar junto do corpo

Pensei em escrever "junto do despojo mortal": meditar junto do ser despojado de seus artifícios, de sua respiração, de seus gestos familiares. O que resta daquele ser? O corpo, aos poucos, se petrificará. Será o tempo do morto que então se imobiliza? Enquanto o sangue se retira, há nele uma alquimia em ação: vidas microscópicas se alimentam dele. A morte permite outras existências.

Várias vezes me sentei junto de Brana para meditar, enquanto não vinham buscá-la. Estava tudo infinitamente calmo. De seu corpo emanava uma paz profunda. E silenciosa.

Eu fizera o mesmo, na época, junto de meu pai, no quarto dele e depois no local do velório, como uma última homenagem.

Epílogo

Dois dias depois, veio o caminhão. A menos que você disponha de recursos *bem* consideráveis, os animais de grande porte partem quase sempre da mesma maneira. Os restos mortais são erguidos com uma pinça e jogados, com maior ou menor delicadeza, na caçamba de um caminhão. É brutal. Isso nós já sabíamos. Durante toda essa cena, murmurei uns cantos budistas para chamar os anjos. Quando Brana alçou voo na mandíbula de aço, fios luminosos pareciam esvoaçar à sua volta. Eu chorava, mas sentia que ela estava sorrindo.

As violetas floresceram por muito tempo.

Algumas eu replantei, outras ofereci ao moço do caminhão: por ele, por seu trabalho que não é fácil e por todos esses seres de Partida que ele continuará recebendo dia após dia em sua caçamba.

CAPÍTULO 7

Uma ode à fragilidade

Encontro ao raiar do dia

Desde esta manhã, sinto-me deliciosamente à beira das lágrimas. Em uma fragilidade incrível e consentida. E desse consentimento, dessa aceitação, nasce uma suavidade inesperada. Devo dizer que essa não é minha emoção mais familiar, e sua própria raridade faz dela um tesouro. Tenho mais tendência a estremecer de alegria, pular de tão contente ou, devo confessar, ficar brava por uma bobagem qualquer. Mas essa fragilidade me pegou de surpresa, ao despontar do dia.

Tudo começou como de costume, com um pular da cama ao amanhecer seguido da elaboração minuciosa das tantas comidas preparadas para o povo animal: mingau para os gatos (com um pouco de cloreto de magnésio para as defesas imunológicas), flocos de cevada e linhaça para os bravos corcéis aposentados (com cloreto de magnésio, sou monomaníaca), e sementes diversas para os pássaros (sem magnésio, ainda não sei o suficiente sobre seu metabolismo. Se um membro da Sociedade Protetora dos Animais estiver lendo isto, talvez possa me informar). Como podem imaginar, o preparo de tantos banquetes toma certo tempo, mas não é este o motivo para eu acordar tão cedo. É meu propósito levantar todo dia pouco antes do nascer do sol, quando o mistério é mais denso, para que as horas sigam impregnadas dessa energia singular.

Esta manhã, porém, bem antes do raiar da luz do sol, quem reluzia no céu era a lua, redonda e cheia. De uma brancura irregular, opaca, sem se expor por inteiro, como se quisesse preservar um mistério. A lua e eu, em geral, só nos avistamos de longe. Ou melhor: pés no chão, cá embaixo, pequenininha, vez ou outra ergo o rosto para ela e fico desconcertada com sua presença. Acho-a bonita, mas um tanto fria e distante... Para que serve a lua?

Hoje, por volta das cinco horas, em pleno inverno, saí pelos campos envoltos numa brancura diáfana. O luar fazia brilhar a geada na relva. Uma ave noturna soltou um grito. Um só. Então fiquei boquiaberta. A poucas dezenas de metros dali, um majestoso cervo atravessava a pradaria. Sua galhada pesada parecia rasgar o espaço, e seu corpo ondulante desafiava com a gravidade. Dançava sem saber a mais bem realizada das coreografias: a que brinca com a fragilidade para manifestar o esplendor.

Foi uma cena efêmera. O bailarino desapareceu rapidamente nos bastidores, deixando para trás uma doce nostalgia. Toquei a graça com as mãos e, de repente, estava sozinha novamente. Aparição, desaparição. Melhor seria não ter visto nada? Melhor não saber que o esplendor existe e seguir vivendo, ignorante, ao lado dele?

Símbolos e mensagens

A história decidiu por algo diferente e a fantástica imagem ficou gravada em minhas pupilas, colorindo o resto do dia com um filtro milagroso. Como muitas pessoas, gosto de símbolos e de encontros. Nesse dia, meu inconsciente, mais que depressa, se pôs a tecer laços, associar ideias e correlacionar diversas experiências. Uma oportunidade assim não se deixa passar!

Um cervo ao raiar do dia. O surgimento de um saber escondido, vindo do âmago da floresta, irrompendo da natureza selvagem e primitiva. Fiquei durante horas de antenas ligadas. A mensagem, aos poucos, foi se tornando mais clara. O cervo tinha apontado uma via e indicado um caminho: o da busca entre força e fragilidade. Se ele, um esplêndido cervídeo, podia encarná-la com tamanha graça e naturalidade, havia certamente um ensinamento por trás.

Retornei então, confiante, à fonte das emoções reprimidas. Seu exemplo majestoso era meu companheiro de estrada. Nas horas seguintes ao encontro, meu inconsciente me enviou pistas. Fiquei à escuta, sem nada prever ou antecipar. Bem receptiva, como podem imaginar, depois dessa incrível visão ao raiar do dia! E disposta a acreditar na magia ao menos uma vez. Então vi, ouvi, senti: lembranças, fragmentos de frases e emoções bastante intensos. Uma braçada de flores silvestres, insetos e vibrações.

O que restou disso foi, tal qual um mantra sob a lua: "Como é bom ser frágil!"

Como é bom ser, a um só tempo, esse cervo em movimento e essa galhada imensa.

Como é bom ver que todos têm falhas e precisam aprender a conviver com elas.

Isso é algo que todos podem compreender em algum momento. Há outros encontros, no cotidiano, que permitem experiências assim. Com a condição de vê-las, de acolhê-las como se deve. Atentando bem, a fragilidade consentida germina em muitas outras experiências. Para encantá-lo e atiçar sua vontade de saber mais, contei aqui a versão "premium" da história. Como um trailer, que reúne os melhores momentos do filme... e, é claro, os mais fotogênicos. Mas há inúmeras manifestações da magia, espreitando nossos dias, prontas para nos ensinar e nos extasiar a alma.

Há aquela flor inclinada, a cabeça para fora do vaso, deixando o peso das horas ir tomando conta de seu corpo. Ao declinar pouco a pouco, nem por isso deixa de exalar um perfume cada vez mais inebriante. Resplandecer até o fim.

Há esse gato, estirado num cobertor, entregue ao sono em suntuosa inconsciência. O felino em sua plena beleza – elegante, classudo, orgulhoso –, que, ao dormir, pôs para fora uma pontinha da língua rosada.

Há esse homem de uns 50 anos. Bonito, forte, terno trespassado. Dirige uma grande empresa e tem nas mãos o destino de muitas pessoas. É sério, poderoso, concentrado. De repente ele sorri, e então revela seu rosto de menino. Um sorriso inocente na face de homem. Ele não sabe disso. Ainda bem. Mas esse sorriso desvendou tudo, e desse desvendar nasce o carisma.

Há essa mulher que toca o barco com energia: família, trabalho, atividade física, férias. Tudo é minuciosamente organizado e calculado para se encaixar num planejamento geral. É cansativo, claro, mas é o preço de dar certo na vida. A tensão marcou pouco a pouco suas feições: absorta até o fim, até o mínimo detalhe. De repente, nesse dia, nos braços desse homem, seu rosto se abre. Primeiro os olhos, arregalados, parecendo descobrir um mundo novo, mais vasto. Depois o maxilar, enfim relaxado, deixando passar um suspiro. Um sopro, um só, uma entrega... e um retorno à vida.

Iluminação espiritual

Bem, o que a espiritualidade tem a dizer sobre isso?

Que tudo tem seu quinhão de imperfeição – zonas de sombra, de falhas, a serem exploradas como tesouros. O budismo, mais uma vez, nos convida a estar em harmonia com as coisas como elas são, e não com um ideal ao longe.

É o conhecido senso do momento presente, que tanto se vê nos livros. *Carpe diem*. Para realmente desfrutar do presente, é preciso aceitá-lo por inteiro. De modo geral, é fácil viver o momento numa praia de areias brancas sob um sol ameno, com um mojito na mão. Mas viver o momento presente tomando consciência, por exemplo, do egoísmo (ou melhor, de uma necessidade não atendida) já são outros quinhentos! Requer muito mais coragem e, principalmente, um manual de instruções. Aqui está ele.

Ritual de reconciliação

Hoje não será um dia como os outros. Você conseguirá voltar sua atenção para a fragilidade. Em tempos comuns, nosso cérebro evita cuidadosamente esse tipo de mensagem ou experiência. Desta vez, neste dia "diferente dos outros", você espreitará as falhas. Para começar com calma, você pode primeiro observar as forças e fragilidades das plantas, das rochas ou dos objetos. Um pouco de ferrugem numa bicicleta, um fiapo à mostra numa estola de luxo, um vinco num tecido. Oriente seu olhar. Muitos pintores deram o exemplo, como o da misteriosa *Mona Lisa*, enredada em seu enigmático sorriso. Se Leonardo da Vinci tivesse produzido um filme, decerto teria mostrado o destino dessa mulher; mulher de bem em todos os sentidos, bem-educada, bem penteada, bem-vestida... e prisioneira de tantas convenções. No quadro, trancada após séculos, Mona Lisa destila o mistério de seu sorriso contido e suas piruetas impossíveis. E quanto a você? Onde está sua Mona Lisa?

Você talvez detecte algum vestígio dela em seu colega de trabalho, em seu companheiro ou companheira ou em qualquer outra pessoa. Onde quer que a máscara caia, durante alguns segundos, a vida reaparece.

Como praticar

Seu ritual do dia – se você concordar – será observá-la. Sair à caça da fragilidade do mundo. Do mundo externo, para começar.

Então, aos poucos, bem de mansinho, experimente buscar suas próprias falhas: em que partes de seu corpo você as sente? Em que momento se manifestam? Todo mundo tem falhas parecidas, às vezes mais, às vezes menos dissimuladas. E as redes sociais são como sua lupa, mostrando-as em tamanho real.

Esses lugares, esses mistérios, essas emoções, são os seus poemas. Expulsá-los seria arrancar de sua vida uma beleza profunda. O primeiro passo, portanto, é acolher. Aceitar. Pegar no colo, mesmo que *nunca* tenham feito isso com você, mesmo que *você* nunca o tenha feito. Imagine levar um pouco de carinho para esse lugar do corpo onde você sente a emoção; imagine um algodão macio, uma voz dizendo "Está tudo bem, está tudo certo, eu estou aqui", uma sensação de calor. Imagine um abraço, um calor que conforta, um ombro para apoiar a cabeça. Imagine um ninhozinho macio envolvendo a sua fragilidade, uma manta de fibra, um acalento. Imagine algo que conforte e acolha.

E vá aprendendo a estar em paz, reconciliado com aquilo que está aí.

Efeitos

Esta observação provavelmente vai revelar duas coisas:

- A fragilidade está em toda parte, em todo o mundo, por mais que se tente disfarçá-la. As pessoas mais fortes em aparência são, muitas vezes, as que mais tentam evitá-la.
- A fragilidade cria uma espécie de comunidade de almas, uma grande família à qual você pertence. Ao aceitá-la, você pode experimentar o alívio, ao se sentir mais próximo de seus irmãos humanos. Desenvolverá assim uma ampla tolerância em relação às suas próprias "imperfeições" e às dos outros, compreendendo que elas são transitórias.

Meu conselho

Pratique esse ritual um pouquinho todos os dias, com movimentos breves, tentando várias vezes. Se mantiver em mente esse objetivo, "a reconciliação", cedo ou tarde sua parte inconsciente seguirá nessa direção. Vá com calma, devagar e sempre, e o cervo poderá saltar com vigor por sobre as sebes.

CAPÍTULO 8

Instilar o sagrado no cotidiano, ou a aposta de Pascal revisitada

Imagine que você está em casa. Levanta-se de manhã. Acende a luz e descobre, espalhados em todos os cantos do seu lar, sinais tangíveis de outra dimensão. Nada a ver com *Matrix* ou homenzinhos verdes. Estamos falando de uma abertura mais sutil. Leva o doce nome de magia, mistério, religação ou esses tantos termos metafísicos que às vezes vemos por aí.

Será que Deus existe? Será que estamos, neste exato momento, vivendo várias vidas em universos paralelos (como sugerido por uma teoria quântica)? O que há logo depois das estrelas? Será que os mortos que amávamos estão nos observando com olhar benevolente? Essas perguntas são capazes de transformar nossa maneira de viver. Quando essas ideias estão presentes no correr das horas, nossas atividades se desenvolvem numa atmosfera bem distinta. Caso haja "algo mais", caso as portas do céu (ou da terra) comecem a se abrir, a vida passa a borbulhar. Em outras palavras: na minha humilde opinião, a vida sem essa dimensão mística seria tão insossa quanto um spritz feito com água sem gás.

Alguns séculos atrás, o filósofo Blaise Pascal propôs aos mais racionais de seus contemporâneos – aqueles capazes de pronunciar uma frase do tipo "A vida? A vida é isso que vemos, e ponto final" – a seguinte aposta: crê em Deus, só para garantir, de modo a não acabar no inferno como um reles herege. Pois, caso Deus não existisse, a única consequência para os apostadores seria estarem errados. Ao passo que, se existisse, só restaria ao descrente se preparar para o pior. O objetivo da aposta era evitar que as chamas do inferno chamuscassem nosso bumbum.

No século XXI, com o declínio dos antigos dogmas religiosos (paraíso *versus* inferno) e a onipotência da ciência, cabe formular a aposta, penso eu, de maneira um pouco distinta.

Fica difícil conceber, de fato, a existência de um inferno repleto de diabinhos escarnecedores que nos espetam o traseiro. Essa cena, mesmo que faça a alegria de Alice Cooper e seus consortes, desapareceu do imaginário da maioria de nós. Com isso, é necessário encontrar outra porta que permita a entrada do sagrado em nosso cotidiano. De minha parte, e sem querer influenciá-lo (quer dizer, só um pouquinho), acho que uma vida conectada à imensidão do céu, ao Universo e ao mistério da matéria escura é muito mais interessante. Estamos aqui na nossa cozinha, e o maravilhoso pode surgir a qualquer momento: que aventura!

Minha aposta, portanto, é a seguinte: e se, em vez de nada, houvesse algo? E se o extraordinário estivesse à espreita em nossa vida, prestes a se infiltrar pelas menores frestas?

Esse postulado, se verdadeiro, é capaz de iluminar nossos dias como um raio de sol atravessando as nuvens. Repare que estou cuidadosamente evitando especificar o "algo" em questão, dando livre curso à sua imaginação. Tenho ideias a respeito, sensações, intuições, mas não quero torná-lo prisioneiro das minhas crenças. Você certamente tem algumas, esplêndidas. Certas pessoas veem fadas enroscadas na aura das árvores, outras ouvem guias proferindo augúrios, outras sentem o coração vibrar quando entram numa mesquita, há quem conheça, graças aos astros, os rumos de sua vida... Não importa o que seja. Desde que este "algo" o faça estremecer.

Se acaso não houver nada – no prosseguimento da aposta –, não haverá grandes consequências. Não será muito grave. Você apenas terá se enganado. Vai apenas jazer em seu caixão, tendo passado desta para melhor, até começar a alimentar outros organismos. Como um menestrel dos tempos de outrora, porém, terá preenchido seus dias com celebrações do infinito, amor ilimitado e mistérios insondáveis. Vale a pena, não vale?

É bom frisar, além disso, que esta minha aposta não poderia ser mais modesta. Longe de mim sugerir qualquer filiação às ideias de Pascal, sobre quem, devo admitir, sei muito pouco. E (já que estamos abrindo parêntese) optei – há algum tempo – por abandonar a corrida pelo conhecimento. Essa ideia de que devemos possuir um saber universal em diversas áreas, filosóficas inclusive, sem o que, além da impossibilidade de brilhar socialmente, ainda estamos sujeitos a receber o amável qualificativo de impostor. "Ela quer ensinar o zen, mas nem leu a *Prajnaparamita*", texto um tanto longo que revela a essência da teoria budista do Madhyamika, o caminho do meio, cara ao filósofo indiano Nagarjuna. Em vez de devorar seus 50 volumes (pois é!), optei por flanar pelos textos ao sabor das circunstâncias e necessidades, além de acompanhar a *Maha Prajna Paramita* em sua versão abreviada, entoada nos mosteiros zen em um canto lancinante, ao som de um pequeno tambor para nos trazer de volta, instante a instante. Dedico o resto do tempo a contemplar, boquiaberta, as flores brotando e as árvores centenárias – que em breve serão cortadas para imprimir nossos volumes de saber (incluindo este livro, portanto faça bom uso dele).

Resgatar o sentido e a essência sagrada da existência

Para se abrir para a dimensão sagrada da vida, não se preocupe, você não precisa acreditar em alguém ou em algo. Se for esse o caso, que bom. E, se não for, que bom também. Basta se mostrar aberto à possibilidade de um além, de um possível, de um espaço-tempo misterioso. Manter num cantinho da cabeça a ideia de que a vida é bem mais do que aparenta... mas cuidando para não criar em sua mente um conceito de infinito que fatalmente restringiria o que nos interessa aqui.

A ciência, felizmente, ainda tropeça numa boa quantidade de perguntas! A origem do Universo, a fonte da consciência e o pós-vida são áreas resolutamente virgens que resistem à pesquisa convencional. Que bom! Nossa vida, com isso, segue inscrita num campo infinito, ou desmedido, de possibilidades.

É desnecessário citar aqui respostas ou hipóteses para as referidas questões. A magia do mistério está justamente em deixar que ele permaneça insondável e insondado... pelo menos para nossos sentidos comuns.

A vibração que surge a cada primavera, quando despontam os primeiros junquilhos, traz em si uma dimensão sagrada. É para essa celebração que eu o convido.

E para louvar o dia que se inicia, para manter presente a ideia do mistério da vida e da morte, várias tradições espirituais instituíram certos rituais. Isso desde a noite dos tempos, desde os primeiros sinais de civilização. A vida, naquela época, estava sempre por um fio. Nossos ancestrais dependiam inteiramente do ritmo das estações e do movimento dos planetas. Diante do desconhecido, eles então rezavam, invocavam, salmodiavam. Atualmente, a oração já não está muito na moda. Em alguns círculos, chega a soar como arcaísmo, senão obscurantismo, pelas razões históricas que conhecemos.

No entanto, embora antigamente algumas religiões tivessem a tendência de desresponsabilizar seus adeptos e lhes fornecer dogmas "prontos para consumo", elas também tinham praticantes sinceros, não raro refugiados no silêncio dos mosteiros. Esses monges e monjas, místicos ou não, dedicavam seus dias a rezar, fazer oferendas e tecer o vínculo com o Mistério. Eu poderia falar sobre isso por horas, mas o tempo está correndo, e os gatos já começam a chiar ao perceberem que estou me demorando no computador. Ao ritual, portanto!

Ritual: um altar dentro de casa

Existe um costume muito antigo para semear a espiritualidade no espaço em que você vive: instalar um altar. Nele você não vai fazer, como os incas, sacrifícios humanos (hoje rigorosamente proibidos pelo Código Penal) nem *pujas* de fogo à maneira hindu (por medo de disparar o detector de fumaça). Não. Em vez disso, serão algumas oferendas simples, que descrevo a seguir.

Como fazer um altar

Um símbolo

Em primeiro lugar, coloque no altar algo que o inspire, que represente para você a espiritualidade, a alma do mundo ou a beleza do cotidiano. Pode ser um buda, é claro, uma imagem das mais serenas, mas não necessariamente. Você pode incluir a foto ou o desenho de uma pessoa inspiradora, uma paisagem especial ou um objeto simbólico, uma lembrança que represente essa esfera infinita com a qual você quer se conectar melhor.

Nas cerimônias tradicionais budistas, para inserir um buda no altar, o mestre procede à "abertura do olho". Com um pincel de caligrafia, e recitando palavras mágicas, permite que um simples objeto adquira um caráter sagrado. Em seguida, o buda é simbolicamente dotado do poder da Visão profunda. O ponto-chave desta cerimônia é a intenção.

Então você talvez possa, antes de escolher sua imagem ou seu objeto, reservar um instante para refletir sobre sua intenção. Que aspecto do espiritual ou do mistério você gostaria de chamar para sua vida? Do que você precisa para que o Universo se torne mais vasto e mais vibrante?

Uma luz

O altar também pode receber uma vela. Existem velas de todos os tipos. Seu cuidado para escolhê-la já é um ritual em si. Você pode acendê-la em momentos precisos, à tardinha quando volta do trabalho, por exemplo, para efetivamente encerrar o dia ou durante suas meditações cotidianas (ver Capítulo 2). Ou então quando praticar o ritual da pausa (ver Capítulo 5).

Uma oferenda de água

Costuma-se incluir um pequeno recipiente com água fresca. Essa água é trocada diariamente e simboliza a renovação, a circulação, o novo. Aconselho-o a trocar a água pela manhã, toda manhã, para começar o dia "como um lótus na água pura"!

Há pouco tempo, no mosteiro Ryumonji, eu fiquei incumbida de trocar a água dos altares. De manhã bem cedo, ao adentrar a sala das cerimônias, avistei sobre o altar principal um pequeno vulto escuro, com a cabeça inclinada. Mestre Yoda, um gato que deve ter sido monge numa vida anterior, bebia tranquilamente a água ofertada ao Buda! Desceu dali pouco depois, espreguiçou-se conscienciosamente, indo em seguida deitar-se (esparramar-se seria a palavra certa) num tapete de meditação.

Diferentes universos convivem assim, cada qual com suas prioridades, suas necessidades, seus desejos. Ofertar água permite que nos reconectemos com a fonte, com a natureza, com um dos quatro elementos que tornam a vida possível.

O mosteiro Ryumonji, no qual morei durante 15 anos, foi fundado pelo mestre Olivier Reigen Wang-Genh em 1999, na França. Esse lugar caloroso, de dimensão humana, recebe iniciantes para retiros de breve, média e longa duração. (Para mais informações, consulte o site: www.meditation-zen.org.)

Biscoitos ou frutas

Dizem que os próprios Budas aparecem, à noite, para degustar as oferendas. Isso eu nunca vi, mas vislumbrei pequenos budas humanos se deliciando com as oferendas depois de elas serem retiradas dos altares.

Dispor deliciosos biscoitos sobre o altar é uma atividade

infalível para deixá-lo de bom humor (decerto também virá a ideia de poder saboreá-los mais tarde!).

Um pote de incenso

No zen, usamos um potinho cheio de cinzas ou areia fina para segurar o incenso. Assim o bastão pode se firmar na vertical. O receptáculo é peneirado regularmente, e as cinzas, por sua vez, se misturam e se renovam... um símbolo e tanto!

Algumas flores ou uma planta

O último componente do seu altar é um vaso com flores frescas ou uma planta ornamental. Uma conexão com a vida e com a Natureza, uma incursão na beleza do mundo que você poderá contemplar diariamente.

O altar enquanto ancoramento espiritual

Este altar será um magnífico elemento decorativo em sua casa. Disponha-o num bom lugar. Deixe-o à vista para seus olhos se deterem nele regularmente. Sempre que isso acontecer, seu altar será como um ancoramento espiritual, um sinal do desconhecido em nossa existência por vezes tão materialista.

Se o sentido da vida lhe causa algum interesse, essa questão ganhará ainda mais importância, e você estará criando maneiras de mantê-la sempre viva.

Aos poucos, muitas outras virtudes podem surgir: mais gratidão, tranquilidade, paz interior... Sem falar no imprevisível, que o deixo descobrir por si mesmo.

Boas explorações!

CAPÍTULO 9

Eu, eu mesma e meu celular: como reencontrar a liberdade?

> *"Vida é o que acontece enquanto você está ocupado fazendo outros planos."*
> John Lennon

Ah, como meu celular é lindinho! Cabe na palma da mão, brilha, tira fotos e pisca regularmente para me lembrar de sua existência. É muito fofo! Nos anos 1980, os japoneses inventaram os Tamagotchi, lembra? Eram como uns ovinhos eletrônicos coloridos – pretendiam se passar por animais de estimação –, e devíamos tomar conta deles: alimentá-los, dar banho, colocá-los para dormir, tudo virtualmente. Em caso de esquecimento ou desinteresse, o Tamagotchi definhava, e então morria.

Foi o ancestral do Smartphone, pensando bem. Grudado na mão, meu celular virou mestre na arte de choramingar para chamar a atenção: sons de notificação – um para cada aplicativo –, vibrações diferenciadas dependendo da urgência, mensagens que aparecem a cada cinco minutos e ficam ali plantadas "Ei, estou aqui! Você tem uma mensagem", até que eu as apague/leia/elimine. Uma extensão de mim mesma com vida própria e códigos próprios de comportamento.

O monstrinho é tão esperto que apela aos diferentes canais sensoriais para manifestar sua presença: a audição (toque), a visão (ícones bem coloridos para chamar a atenção) ou ainda o tato (vibração). E tenho certeza de que há pesquisadores estudando as possibilidades de mensagens olfativas. Imagine só: um cheiro de pão quentinho em um site de classificados, ao lado do espaço reservado para a padaria. Sendo o olfato – está provado – o sentido mais primitivo e mais diretamente conectado com as emoções, nossa resistência pacífica ao consumo vai precisar se aprimorar um bocado. Meus amigos, o momento é sério! E como cavaleiros dos tempos modernos teremos que travar a batalha!

Pois estamos vivendo um período absolutamente especial da evolução da humanidade. A internet surgiu há quase 30 anos, os smartphones e o Facebook há cerca de 10. É tudo muito recente. Essas diversas ferramentas, contudo, transformaram totalmente – a uma velocidade incrível – nossos hábitos e comportamentos. Não sou uma historiadora da ciência, mas essa inovação me parece comparável à da eletricidade, no século XIX. Ganhamos, então, novas ferramentas digitais, algumas pessoas inclusive – as mais jovens – já nasceram com elas, mas sem propriamente um manual de instruções e as recomendações de praxe! Lembra um pouco aquele método bárbaro que consiste em jogar uma criança na piscina para familiarizá-la com a água: sem saber nadar, é grande o risco de ela se afogar.

Muitos de nós, infelizmente, já estão com a cabeça embaixo da água. Com o celular a menos de 50 centímetros do corpo, nossa tendência é atender às mínimas solicitações. Ele toca, eu olho para ele, e então me distraio da tarefa em curso. Voltar a ela vai exigir um considerável esforço e, caso a mensagem recebida seja interessante (comentário no Facebook, um e-mail, uma foto no Instagram de um amigo bonitinho), o risco é ainda maior de eu nem retomar minha tarefa ou só voltar a ela com um longo suspiro. *Pfff...*

Porque esse aparelhinho é muito esperto. Explora com habilidade duas características do meu funcionamento cerebral:

- Meu cérebro gosta de novidades: cada mensagem que chega é como uma guloseima a ser consumida imediatamente.
- Meu cérebro adoooora recompensas: as mensagens, as fotos, os áudios dos meus amigos são, muitas vezes, como verdadeiros presentes de Natal!

Mas esse brinquedinho maravilhoso esconde uma alta dose de toxicidade, como você decerto já percebeu. É um hipnotizador fora de série, e o tempo dedicado à vida "de verdade" murcha feito uva-passa.

Então, fique tranquilo, não vamos pregar aqui uma regressão tecnológica a pretexto de saúde mental e espiritual. Não que nos falte a vontade – ah, a abençoada época em que escutávamos discos de Mozart em família! –, mas porque a prática do "instante presente" sempre nos ensinou a lidar *com* as coisas, e não *contra* elas.

Em uma recente turnê de divulgação do meu livro na Espanha, o tema do celular foi recorrente. Como fazer para se desgrudar dele, parar de consultá-lo freneticamente a cada cinco minutos e criar coragem para desligá-lo? Na verdade, creio que esse assunto mereceria um livro inteiro, por isso hoje vou me contentar em dar algumas sugestões. Uma ou duas práticas cuidadosamente testadas para você conseguir "se desprender", "voltar ao aqui e agora" e recobrar a consciência do lugar onde está.

(A propósito, onde você está agora, neste instante? Onde está lendo este livro? Você está consciente do contato do seu corpo com o que o apoia? Do som ambiente? Do momento que pode se estender ao infinito?)

Os rituais digitais

Aprendendo a se reconectar "bem"

Esse título é paradoxal, não é? Foi proposital! O ritual mais sugerido por aí é o da desconexão, também chamado de "detox digital", de acordo com a expressão usada pela mídia. Mas, de certa forma, é meio fácil demais! Sim: basta desligarmos o celular para estarmos novamente livres. Falar é fácil... Para ir um pouco mais a fundo, proponho aqui voltar à fonte! Retornar a essa emoção que nos puxa para a distração permanente e responder a esta pergunta-chave: o que fazer, uma vez desligado o celular, para lidar com a abstinência e a sensação de mal-estar que surge logo em seguida?

Como praticar

O ritual terá então por título "aprendendo a se reconectar". Não mais ao celular, ao tablet ou ao computador... mas a si mesmo! Eis algumas etapas a serem seguidas, na ordem ou não:

- Aquiete-se por alguns instantes. As ferramentas digitais estão todas desligadas. Você está "consigo mesmo".
- O que está sentindo? Principalmente: onde está situada esta sensação? Em que parte do corpo?

Esse aspecto é essencial. Em geral, as emoções (abstinência, mal-estar ou vazio) são sentidas no corpo, e o cérebro então se agita para encontrar uma solução. Muitas vezes isso acontece de modo automático. Temos assim, por exemplo, a seguinte sequência: sensação de vazio à altura do plexo solar + comentário interno "Ah, não estou me sentindo bem... O que eu faço? Quem sabe não fujo um pouquinho e dou uma olhadinha no Facebook/Twitter/Instagram?" + ação.

Dessa forma, podemos passar um bom tempo em ações de autocuidado, mimo, compensação, todas elas empreendidas para fugir das emoções desagradáveis. Ao passo que a liberdade interior, ao contrário, nos ensina a viver em paz com tudo o que se apresenta (seja agradável ou desagradável).

Assim, as atividades escolhidas pelo ser humano terão um sentido mais amplo ou mais elevado do que o mero bem-estar.

Do ponto de vista do "sentido da vida", usar o tempo livre para aprender, evoluir e explorar o mundo soa bem mais interessante do que preenchê-lo com atividades compensatórias, não acha?

Por isso o caminho indicado por todas as sabedorias, sobretudo as orientais, é o da reconciliação, da reconexão com o real.

Uma vez identificada a emoção ou a sensação, esforce-se para mantê-la no seu corpo.

Não rejeite-a nem estimule, simplesmente fique com ela. Como um pai e uma mãe amorosos acompanham uma criança pequena. Como quem conforta um amigo com a firme convicção de que ele tem todas as condições de sair dessa situação. É o caminho do meio, o caminho de Buda: nem fugir nem estimular. Olhar, sentir e permitir que exista.

Procure não deixar essa emoção subir para a cabeça, com pensamentos do tipo "Nossa, eu não consigo" ou "Essas práticas definitivamente não são para mim". Caso surjam esses pensamentos, deixe-os para lá, não lhes dê atenção nem comece a matutar sobre eles.

Apenas o corpo e a sensação – física e emocional – deste instante.

Efeitos

O ponto-chave é o seguinte: uma emoção acolhida desaparecerá naturalmente. Como se ela só precisasse ser vista! O resultado é uma grande estabilidade interior.

Posologia

De início, faça este ritual de reconexão por um breve período. Três minutos. Apenas com você mesmo. Em seguida, faça algo totalmente diferente, algo que você terá imaginado a título de recompensa. Assim ficará mais fácil, e lhe dará vontade de realizar esta prática com frequência.

E então repita um pouco mais tarde, no mesmo dia. Talvez por mais tempo, talvez menos. Seja como for, não há como ser um fracasso, pois só o fato de instituir este ritual já demonstra a grande importância que você dá ao projeto de evolução interior.

Rituais de liberdade digital

Os rituais a seguir – pesquisei bem – não constam nos sutras budistas originais. O próprio Buda, no entanto, já naquela época, promulgou algumas regras ou recomendações para os monges, destinadas a facilitar sua prática de plena presença. Este preceito, por exemplo: "Um monge não deve ficar sentado vendo passar os elefantes." Poderíamos facilmente – como sugeriu recentemente o mestre zen Thich Nhat Hanh – o reformular assim: "Não passar horas assistindo a séries na TV." Sábia recomendação. Mas como fazer para cumpri-la?

Algumas práticas de sobrevivência digital

Eis algumas sugestões – para pegar ou largar, você decide:

- Tirar o som das notificações do celular. Um pouco de silêncio... Um pouco de ar puro... Um pouco de espaço... De qualquer forma, em algum momento você vai acabar vendo essas mensagens. Enquanto isso, desligar todos esses sons lhe permitirá ficar concentrado mais tempo no momento presente e, quem sabe, ver alguns passarinhos voando no céu. Foi o que fiz, depois de muito pesquisar as configurações – parece até que essa dificuldade já é um teste em si, planejado pelos criadores, um tantinho sádicos, do smartphone –, e é muito agradável. Uma verdadeira ode ao reencontro com o silêncio. Que maravilha!

- Cada vez que seu telefone tocar, inverta o estímulo: pense na sua respiração ou em olhar pela janela. Pense em tudo, menos no seu xodó virtual. Mantenha a cabeça fora d'água, respire. E permita-se, de vez em quando, momentos de resistência. "Não! Não vou atender! Sou um ser livre! O celular toca: eu respiro!" Imagine-se recobrando a consciência de seu corpo a cada estímulo digital: você vai fazer progressos incríveis e rápidos! E o celular se converte numa espécie de "sino de plena consciência" a serviço da evolução.
- Deixe o celular em casa ao ir fazer compras, passear com o cachorro no jardim, ir ao banheiro. Ou até, para os mais avançados, quando for ao cinema, ao restaurante, etc. Faça disso uma atitude voluntária, consciente, de libertação. Aproveite para fazer algo diferente: olhar as pessoas, sorrir à toa, escutar os pássaros ou o vento nas árvores, contar as gírias proferidas por seus interlocutores... e depois, ao voltar para casa, conceda-se o direito de mergulhar novamente.

Meu conselho

Sempre inclua uma recompensa após uma prática meio difícil. Um relaxar depois de uma tensão. Uma "viagem" depois de se concentrar. Uma guloseima depois de um esforço. Assim você terá vontade de continuar e até de realizar esses rituais com mais frequência!

CAPÍTULO 10

A magia do sopro

O sopro. Essa palavra é uma legítima arca do tesouro!

É chamado de *qi* na China, *ki* no Japão, *pneuma* pelos filósofos gregos e *prana* na Índia. É possível encontrá-lo em todos os textos de ensinamentos sobre meditação, nos rituais secretos do Vajrayana – vertente exotérica do budismo que compreende rituais baseados no canto de mantras e em visualizações – ou nas práticas de vida longa. O sopro... A um só tempo simples e muito misterioso.

Sem ele, não existiríamos. Se estiver desregulado – respiração entrecortada, rápida ou superficial –, nossas emoções são afetadas. Quando estamos com um resfriado, com asma ou com alguma insuficiência pulmonar, percebemos o incrível privilégio que foi ter tido, um dia, uma respiração fluida e harmoniosa.

O sopro... Ele possui, além disso, um forte poder hipnótico. Basta observar o abdômen de uma criança dormindo, levantando e abaixando em ritmo regular, para ficarmos quietos, como se em êxtase, por alguns instantes. Ou então a respiração, tão singular, dos cavalos, algo que tenho observado a partir de minha estreita relação com esses animais, especialmente com Efstur, meu príncipe de quatro patas. Sua esplêndida compleição e peculiar funcionamento mental são descritos detalhadamente no Capítulo 2 de meu livro *A magia do silêncio*.

Há pouco tempo, Efstur estava tranquilamente ocupado em pastar, quando subi no seu lombo. Eu me acomodei de mansinho, como quem não quer nada. Por um feliz acaso, ele tinha se postado junto de uma tora, de modo que não foi difícil montar no bravo corcel.

É algo tão raro que merece ser mencionado: não costumo montar Efstur. Me soa incongruente, me dá um pouco a impressão de lhe faltar com o respeito ou, pior ainda, de querer usá-lo como montaria. Seria o cúmulo, para esse esplêndido garanhão que dedicou toda a sua vida a proteger as éguas e os potros de seu pasto! Montar nele? E fazê-lo puxar uma carroça, quem sabe? Era só o que faltava!

Nesse caso, porém, uma espécie de intuição me impeliu a escalar o príncipe, que não reagiu. Devo dizer que eu já tinha aprendido a lição: deslizar para o lombo dele de mansinho, sem gestos bruscos, quase despercebida. Além do que, ocupado que estava com um bom capim fresco e saboroso, ele não dava a mínima para as minhas acrobacias.

Tenho uma relação muito especial com Efstur, um pouco como Montaigne e La Boétie – "porque era ele, porque era eu". A gente se olha, se cheira, esfrega os focinhos, e o tempo se apaga. Ele e eu. Eu e ele. O mundo em volta desaparece e existimos ali um para o outro... exceto quando ele está comendo. Contra o cheiro inebriante de um tufo de capim fresco, não tenho como competir. É assim. Já me conformei, chorando por nossa impossível fusão e me deliciando com a grande liberdade que daí resulta. Quando ele está comendo, fico olhando para as árvores ou então subo em seu lombo de mansinho. Mas voltemos à nossa respiração (desculpe, quando o assunto é Efstur, eu perco o fio, ele me deixa totalmente fascinada).

Orgulhosamente sentada em meu cavalo imaculado, descalça como em grande parte das ocasiões, eu explorava diferentes aspectos da propriocepção. Propriocepção é a capacidade de sentir, a partir de seu interior, o próprio corpo – sua postura, seu equilíbrio, o alinhamento das diferentes estruturas, dos membros, da coluna, dos quadris, etc. É bem interessante e, ao prestar atenção, é possível ter consciência das interações entre as diversas partes do corpo, dos pés à cabeça. Quando os quadris se mexem, por exemplo, a nuca se estende ou relaxa em resposta. Quando o abdômen infla, a coluna vertebral ondula. E assim por diante. O corpo inteiro está interligado. E a exploração sensitiva desses movimentos fluidos é muito prazerosa. Há uma sensação de vida plena: a de habitar verdadeiramente a própria casa, dos pés à cabeça.

Se quiser saber mais sobre esse tema, veja os trabalhos de Moshe Feldenkrais e Gerda Alexander, cujo objetivo comum é permitir que os alunos experimentem por si próprios.

Estava eu, então, estudando tudo isso, quando, de repente, eis o que senti: *minhas* pernas envolvendo a caixa torácica de Efstur; elas se moviam ao ritmo da respiração *dele*. Era um balançar dos mais agradáveis. Calmo. Com pausas bem delineadas. Como são os próprios cavalos quando estão em terreno conhecido. Mas Efstur encarna, além disso, uma presença, uma força. Manifesta, em cada uma de suas células, uma solidez telúrica que, naquele momento, se transmitia às minhas pernas. Como explicar? Se eu nunca tivesse sentido essa "força serena", a respiração ampla e pausada do meu companheiro estaria me apontando o caminho.

Estávamos numa espécie de simbiose. Cavaleira e cavalo, mulher e animal. Como os famosos centauros, talvez... Mas a cabeça dele é bonita demais para ser substituída pela minha! Digamos que formávamos juntos um animal desconhecido. Desconhecível. Um animal feito de pelagem e pele nua, respirando em harmonia.

E isso graças à magia do sopro. Não se preocupe, você não necessariamente vai precisar de um cavalo para ter acesso a ela. Esse saber também se encontra em outros momentos do cotidiano. É um verdadeiro tesouro para se conectar com o instante presente (centramento) e tomar consciência da interdependência (abertura).

Ritual: *kinhin*, a meditação andando

Nada melhor que uma prática tradicional para perceber isso de maneira concreta. *Kinhin* é um caminhar ao ritmo da respiração, muito usual no budismo zen. Nos dojos urbanos, as sessões de meditação costumam se desenrolar da seguinte forma: 30 minutos de zazen (meditação sentada), 10 minutos de *kinhin* (meditação andando), 30 minutos de zazen. Essa meditação em pé é inteiramente baseada no sopro. Tem a virtude de trazer nosso espírito para o corpo, para dentro, de nos fazer "voltar para casa", do porão ao sótão, dos pés à cabeça.

Como praticar

Inicie a prática com as pernas afastadas, na largura do quadril, um pé logo à frente do outro. Expirando, jogue todo o peso do corpo sobre a perna da frente. Espere um instante breve, deixando surgir a inspiração. Nesse momento – quando o ar entra pelas narinas – dê meio passo à frente. E então repita. Na expiração, apoie o corpo na perna estendida à frente. Na inspiração, avance ligeiramente, com um passo bem pequeno.

A postura das mãos e dos braços é a seguinte: a mão esquerda em punho fechado, com o polegar para dentro. A base do polegar encosta no plexo solar, logo abaixo do peito. A mão direita envolve o punho esquerdo. Os cotovelos ficam na horizontal, para manter certa energia no corpo.

A coluna está esticada, graças a um suave impulso do topo da cabeça em direção ao céu.

Os pés estão ancorados no chão.

Os olhos – este é um ponto importantíssimo – se voltam para o solo, a fim de repousar o olhar e as imagens mentais. Estão semicerrados e não se fixam em nada. Absolutamente tranquilos. Permanecem entreabertos para manter alguma Presença delicada no limiar entre o interno e o externo.

Graças a essa alternância entre tensão (expiração, o corpo se estende) e distensão (inspiração, o corpo relaxa antes de avançar), a respiração se estabiliza e pode aos poucos se estabelecer numa cadência suave. Embora os primeiros passos possam às vezes ser meio rápidos, um ritmo bem mais lento surgirá aos poucos. Não force nada. Deixe a respiração acontecer naturalmente.

Respeitando seu corpo e seu ritmo interno, você vai sentir uma tranquilidade se espalhando, como uma dádiva.

Efeitos

Nos anos 1970, o coreógrafo Maurice Béjart encontrou o carismático mestre zen Taisen Deshimaru. Resultaram daí inúmeras trocas. Dois mestres desse calibre numa mesma sala... Queria ter sido uma mosquinha para assistir a essa cena! O fato é que Béjart, sem dúvida fascinado pelo impacto e pela intensidade corporal de Deshimaru, participou de alguns retiros zen. Sobre o *kinhin*, ele, o grande coreógrafo, declarou que "é a essência da dança". Uma forma de estar dentro do próprio corpo, e não fora: plenamente consciente, dos pés à cabeça.

Mestre Deshimaru, por sua vez, instruía seus alunos a praticarem *kinhin* com a "intensidade de um tigre adentrando a floresta". Nada menos do que isso!

Com *kinhin*, essa meditação que envolve o corpo e a respiração, você vai rapidamente sentir um efeito de centramento... e o alívio que isso traz. A postura de *kinhin* exige um bocado de atenção. Isso é ótimo! Desta forma, nossa mente fica inteiramente focada na tarefa a realizar. As preocupações podem dar lugar às sensações do corpo. Com um pouco de treino, uma firme capacidade de concentração se estabelece. E, ao fim de alguns dias, você terá à disposição um ritual muito eficaz para clarear a mente... A primeira etapa de qualquer caminho espiritual!

Posologia

Não é necessário nenhum material específico para praticar o *kinhin*. Basta um corpo, mesmo que um pouco enferrujado ou rechonchudo! Fique descalço, se possível, para sentir bem o chão. E desaperte o cinto para respirar bem. Só isso.

A posologia também é muito simples: uma prática diária de 10 minutos. Em casa, no trabalho durante o intervalo do almoço, numa floresta, num parque, à beira d'água, diante de uma janela, ao acordar... Tudo é possível!

Eu talvez só não aconselhe a fazê-lo na rua, para evitar os olhares chocados de quem passa. Se bem que, aliás, por que não? Alguém, afinal, precisa lançar a moda. Lembra, logo que surgiram os celulares, como ficávamos meio surpresos, senão preocupados, ao ver pessoas andando e falando sozinhas pelas calçadas? Isso hoje já se tornou uma constante na paisagem sonora urbana.

Então... *I have a dream...* (atenção, declaração histórica!): "Meu sonho é que daqui a alguns anos nossas cidades estejam repletas de pessoas que praticam a meditação andando. Nos pontos de ônibus, nas filas do supermercado, nas plataformas do metrô, na entrada dos teatros... Em todos esses lugares onde costumamos ficar impacientes, sonho que surjam o homem e a mulher do futuro praticando *kinhin* com dignidade e elegância."

Amém.

CAPÍTULO 11

Do ideal à realidade: sair do sonho e começar a viver

Junho de 2017. Um bate-papo sobre o silêncio, por conta do lançamento de meu primeiro livro.

O jornalista: "Nossa convidada é uma mulher excepcional. É uma monja budista, que mora numa cabana no meio do mato, sem água e sem luz elétrica..."

Eu: "Bem, eu não moro lá no inverno, faz frio demais. Retorno para o mosteiro ali perto, que é muito confortável. E, veja bem, eu tenho água e luz elétrica, sim. Minha intenção não é fazer ascese, é me aproximar do ritmo natural dos elementos..."

Houve vários diálogos como esse. Como se sempre houvesse que aumentar as coisas para mexer com o imaginário das pessoas. Eu fazia questão de recusar esse papel que me impunham, tão distante da realidade. Não, não fiz uma renúncia, não sou *sadhu* (religioso errante da Índia) nem uma mulher excepcional. No entanto, esse rótulo que tentam me impor toca em um ponto delicado.

Eu gostaria muito. Gostaria muito de, como Ram Dass, sair pelas estradas vivendo de mendicância, sem saber do que será feito o amanhã. Gostaria muito de, como Buda, me sentar por 49 dias ao pé de uma árvore esperando a iluminação. Gostaria de deixar este mundo e me refugiar num reino interior. Seria um reino mais colorido, caloroso, repleto de espíritos da natureza, elfos e fadinhas sussurrando em meu ouvido os mistérios da vida e da morte. Eu teria o poder de conversar com as árvores e com os animais, de fazer os fantasmas errantes atravessarem para o outro lado, de reequilibrar as energias, de curar pela imposição das mãos, de me teletransportar para os confins do Universo e de ler a história do mundo. Uma vida especial e fora do comum!

E então, como aquele famoso mestre zen chinês, bato com o dedinho do pé na quina de um móvel qualquer e volto outra vez para a terra, para minha condição normal. Ai!

Na maioria das vezes, meus anseios de além correspondem a períodos difíceis vividos no presente. Quando estou travada, hesitante ou triste é que me vem a ideia de vestir um *longhi* – aquela calça tradicional indiana, em geral branca, usada por iogues –, de deixar crescer uma longa barba branca e ir embora para a Índia. Só não tenho certeza de que a realidade seja tão romântica quanto a ideal. Então não, não sou excepcional, e o excepcional está justamente nisso! É na vida como ela é que reside o maravilhoso, na simplicidade de cada pessoa. Sem dúvida, o que realmente é excepcional é essa mescla de unicidade do ser com comunidade de destino. O modo como o um e o todo se combinam em cada pessoa para criar um caminho totalmente singular e original.

Tive várias vezes essa experiência iniciática do ser "como todo mundo". Devido à minha história pregressa (da qual poupo você por pura compaixão e porque – exceto para mim – não é lá muito interessante), os caminhos comuns sempre me pareceram... comuns! Demasiado comuns para eu enveredar por eles. Ocorre que esse viés cognitivo, essa maneira de pensar é, de fato, limitada. A verdadeira liberdade consiste em poder escolher livremente entre a autoestrada e o atalho. Assim, sempre que consigo – e isso tem sido cada vez mais frequente – fazer "como todo mundo" é um grande alívio. Uma vitória sobre um karma passado.

É mais do que isso, porém. Esse "como todo mundo" traz em si um tesouro: o da comunidade de alma, do destino compartilhado e do pertencimento. Estar com os outros, e não mais à parte; começar a enxergá-los de fato. Que aventura!

Imagino que, ao confessar tudo isso, terei decepcionado alguns de meus leitores. Pois isso é ótimo! Não que eu rejeite o papel de "irmã mais velha espiritual", pelo contrário. Meus livros, vídeos, entrevistas não têm outro objetivo senão oferecer pistas a serem exploradas. Mas quero fazer isso a partir do real. Uma mulher, monja, em torno dos 40 anos, que também está caminhando e procura, sem firulas, compartilhar sua experiência. Tendo por base essa relação saudável e verdadeira é que poderemos começar a avançar juntos.

Muito haveria a se dizer sobre a idealização de que os mestres espirituais são – um pouco, muito ou intensamente – o alvo: tudo dependerá das potenciais falhas afetivas do discípulo. Se os mestres cometerem o equívoco de confundir essa transferência com amor verdadeiro, a porta estará aberta para todos os abusos possíveis e imagináveis: humilhações, favores sexuais, dinheiro... O poder do mestre sem escrúpulos se torna então sem limites. O que é deplorável. Idealmente – de novo! –, o mestre seria uma pessoa perfeita, sem defeitos, dotada de poderes e de uma vida superior. Na realidade, atribuir tal perfeição a uma pessoa já denota, por si só, uma necessidade de magia, de sonho, de maravilhoso, bem distante da vida real. Uma espécie de projeção, no outro, de todas as nossas fantasias.

Conheci muitos e muitos mestres, de muitas tradições espirituais: budismo zen, tibetano, teravada, hinduísta, padres dominicanos. Dentre eles, os mais impressionantes se destacavam por sua simplicidade. Por sua maneira radiante de se mostrarem conscientes de suas limitações. Em paz consigo mesmos, faziam de sua parte "imperfeita" um caminho para o despertar. Alguns mestres viam televisão, outros gostavam de beber ou comer demais de vez em quando, outros de receber elogios. Mas tinham consciência disso. E dia após dia tentavam avançar, aos poucos, serenamente, rumo a mais sabedoria. A meu ver, esse exemplo, por conta da identificação, é muito útil para ajudar o discípulo. Expondo suas próprias falhas – e trabalhando-as –, o mestre abre um caminho de reconciliação.

Mas, veja bem, não estou tentando justificar todos os defeitos de um mestre. Pressupõe-se que ele tenha consciência de suas imperfeições, de suas tendências, e que as trabalhe. Se você tiver qualquer dúvida quanto à sua sinceridade, fique atento, continue observando e, se for o caso, abandone o navio. Os mestres são seres humanos, por isso também são passíveis de falhas.

Outro dia, na estação de trem, uma jovem veio correndo atrás de mim. "Estou tão feliz por conhecê-la pessoalmente! Li artigos seus na imprensa e sigo você no Facebook." Outro me mandou esta mensagem: "Preciso muito conhecê-la. Só você pode me ajudar." Nos dois casos, minha luz de alerta foi acionada. Quem é esta monja ideal a quem eles querem consultar? E, principalmente, de onde vem essa necessidade?

É claro que vou encontrá-los, que vou escutá-los, se for o caso, e falarei da prática da meditação zen. Mas a projeção deles não me pertence. O papel que eles tentam me atribuir vem diretamente de seu inconsciente, refletindo um desejo mais profundo: necessidade de espiritualidade, necessidade de um mundo melhor, de ser reconhecido, amado ou outra coisa qualquer. E lá estou eu, na tela de seus sonhos, sem que a personagem ali projetada tenha a menor relação com o ser real.

Tendo isso em mente, fico em alerta. Essa transferência pode ter a virtude de levar as pessoas para mais espiritualidade. Pode impulsionar um trabalho de desenvolvimento pessoal. De modo que esse movimento é ao mesmo tempo ilusório e muito precioso. Deixo aos meus interlocutores a inteira responsabilidade pelo caminho e fico por ali, não muito longe, disponível se preciso for.

Também já me perguntaram vez ou outra, nesses últimos anos: "Como é para você essa nova notoriedade, ser sempre solicitada aqui e ali? Não é muito difícil?" Para além de uma notoriedade que me soa muito relativa, trabalhei muito (muito!) em terapia o tema da liberdade, como você decerto já percebeu, vendo o número de vezes que essa palavra aparece no correr destas páginas!

Sentir-me livre foi minha meta por muito tempo, era como um mantra obcecante, como um espelho invertido do aprisionamento que eu sentia. Eu trabalhava a liberdade num mosteiro zen conhecido pelo rigor de suas regras e de sua hierarquia: que paradoxal! E que lugar melhor para, no cerne da tempestade, explorar as próprias limitações? A liberdade e seu corolário, "o olhar do outro". *Livre em relação a quê?*, perguntavam os terapeutas. Aos outros. Eles. Estes.

Tema complicado, este: "Libertar-se do olhar do outro." Levou tempo. "Os outros" ocupavam muito espaço e encobriam as janelas da minha cela. Quando "os outros" foram enfim se dissolvendo aos poucos, restaram apenas filamentos brancos, leves e delicados, aptos a iluminar o cômodo. Avistei um cavalo pela janela, depois dois, e logo uma manada inteira, pastando tranquilamente num começo de primavera. Tinha levado tempo. Tinha doído um bocado. Mas, finalmente, "os outros" haviam perdido muito do seu poder (não todo, não se preocupe, ainda resta um longo caminho pela frente). E eu podia então (re)começar a amá-los!

Diante desse reencontro com a liberdade, as questões sobre que espaço ocupar e que papel cumprir perderam importância. O espaço se apresentava ou não. O papel a ser cumprido, idem. Sem pensar muito.

A verdadeira liberdade, afinal, encontra-se em entrar e sair dos papéis a seu bel-prazer, quando as circunstâncias assim o exigem. É deixar que ocorram as projeções sem ser enganado por elas. É ficar feliz com os elogios sem precisar deles. E abrir mão de muitos deles justamente por aquilo que são: o cintilante reflexo de quem os faz.

Ritual de desidealização

Agora, cuidado! Não se trata de dessacralizar ou de queimar aquilo que antes adorávamos, e sim de pegar e largar.

Como praticar

São várias etapas, que você pode seguir na ordem ou fora de ordem, como preferir. Mas é bom pegar um caderninho para definir bem as coisas e canalizar sua reflexão. Esta é uma prática tanto mental quanto emocional. Procure também se abrir para os sentimentos que as perguntas abaixo lhe suscitam. Você pode realizar essa prática em vários passos.

- Escolha uma pessoa que você admira: um guia espiritual, um(a) mentor(a), um(a) chefe inspirador(a), etc.
- Liste tudo o que aprecia nessa pessoa, em todos os níveis. O porquê de você gostar dela ou admirá-la.
- Agora liste o que não lhe agrada: no comportamento, na relação de vocês, no jeito de ela ser, de se vestir, de ver o mundo.
- E, principalmente, olhe/estude no que esses supostos "defeitos" ferem seus valores fundamentais. Reflita com o coração, para sentir qual necessidade sua não é satisfeita por esse comportamento. A pessoa não lhe dá atenção suficiente? É demasiado intransigente? Parece ser indiferente? Parece ser egocêntrica? Veste-se muito mal? Como você se coloca diante disso tudo? Que expectativas suas essa relação não é capaz de preencher?

Efeitos

Formulei essas perguntas de forma bastante ampla porque cada situação, cada pessoa, é diferente. Mas reservar um tempo para pensar a relação sempre ajuda a esclarecer nossas expectativas, nossas necessidades, e ver se a pessoa escolhida está ali para preencher este papel ou para alguma outra coisa. As diferentes respostas lhe permitirão, sobretudo, conhecer melhor a si mesmo e, assim, ter interações mais claras.

O objetivo, quando possível, é viver em paz tanto com os defeitos do outro quanto com suas qualidades. É permitir-se acolher a pessoa por inteiro com certa sabedoria e benevolência, reflexos de um olhar pacificado sobre si mesmo.

CAPÍTULO 12

A escuta benevolente

Vejamos agora um tema crucial. Um tema que requer sabedoria, muita sabedoria, uma imensa sabedoria: saber escutar o outro! Sem fazer de conta, sem pensar nos próprios problemas. Nada disso: escutar de verdade.

Essa Escuta com "e" maiúsculo pressupõe diversas qualidades que tentarei descrever a seguir. Para ser bem honesta: saber que elas existem ou deveriam estar presentes não significa que sempre as colocamos em prática, e me flagro regularmente querendo impor meu ponto de vista ou pensando nos meus cavalos enquanto converso com alguém. Sem falar no número de vezes que interrompo a fala de meus interlocutores... Em suma, um longo caminho de aprendizado ainda pela frente!

Do que precisamos para enveredar por essa estrada? De que ferramentas dispomos? E como seguir nessa direção que, às vezes, parece ser contrária à natureza?

De fato, não é fácil escutar o outro com respeito quando

a própria mídia nos dá o exemplo inverso. Na corrida pela audiência e surfando em nossas tendências voyeuristas, esta parece privilegiar constantemente as "brigas" entre os participantes, que têm se tornado a norma nos estúdios de televisão, quer se trate de *talk show* ou de programas políticos. Quanto mais agressivo, mais compartilhado é o vídeo nas redes sociais. É o que se chama "criar um burburinho". Que protagonistas de um *reality show* lancem mão dessa modalidade de comunicação à base de invectivas, ainda vá lá. Vamos lhes conceder a circunstância atenuante do famoso "efeito catártico". Mas que políticos, escritores ou filósofos, homens e mulheres, façam o mesmo, é de ficar pasmo. Se nem *eles* se comunicam direito, a quem iremos admirar ou tomar como exemplo? Quando os modelos deixam de cumprir seu papel, muitas pessoas, que aprendem por mimetismo, começam a achar normal interromper a fala alheia ou usar de ironia de manhã até a noite.

Eis algumas pistas para inverter o processo e começar a lançar uma nova moda: a da escuta benevolente!

Para escutar bem, é preciso abrir os ouvidos

Essa aparente obviedade pode ser entendida em diferentes níveis.

No nível físico, claro, já que se trata de dirigir a atenção auditiva para a pessoa que está falando. Você, como eu, sabe que é perfeitamente possível – num coquetel, por exemplo – fazer de conta que está escutando alguém e, ao mesmo tempo, focar sua audição na conversa do grupo ao lado, que está justamente tocando no assunto fascinante das próximas promoções na empresa.

Os cientistas deram a essa capacidade o nome de "efeito coquetel". Nos gatos (embora eles raramente compareçam a coquetéis; devido, sem dúvida, à sua imensa e congênita misantropia, o que é uma pena, diga-se de passagem, pois seu traje com certeza seria uma sensação), enfim, nos gatos essa faculdade se manifesta por um delicado movimento do pavilhão auricular. Nos humanos, que têm bem menos mobilidade de orelha, o movimento é mais interno. É claro que alguns humanos sabem mexer as orelhas sem mover o resto do rosto e usam essa aptidão para divertir a plateia (já tarde da noite, em geral), mas não chegam ao ponto, infelizmente, de orientar seu pavilhão auditivo para aumentar sua capacidade de escuta. Os gatos, sim. Ou seja, resumindo: escutar exige que, física e voluntariamente, voltemos nossa atenção para o interlocutor, excluindo os demais presentes.

Quanto ao nível mais interno: para abrir os ouvidos para o outro, é preciso desligar ou baixar o som da nossa "vozinha dentro da cabeça". Pois mesmo enquanto interagimos com o mundo, existe uma espécie de toca-fitas interno em funcionamento. Uma vozinha, um Grilo Falante que comenta, analisa, critica, sem filtro algum, os fatos que se desenrolam à nossa frente. Não se preocupe, isso é absolutamente normal. Não é o caso de ligar para um psiquiatra. Você ouve uma voz, sim, como todo mundo... ou quase. Pois algumas pessoas – pintores, fotógrafos, arquitetos, por exemplo – têm um mundo interior composto principalmente de imagens. Estas podem ser móveis, como um filme, ou não. Fala-se então em personalidades visuais, ao passo que as primeiras (as da vozinha) são mais auditivas.

Seja como for, para escutar seu interlocutor, você precisará, por alguns instantes, desviar a atenção... de si mesmo!

Escutar bem é resgatar nossa alma de criança

Mergulhe por um momento nas lembranças agradáveis de sua infância. Os momentos de brincar, por exemplo. A criança, quando descobre um jogo novo, fica absorta em sua tarefa, tentando entender como funciona, com uma intensidade que não deixa nada a dever à de um piloto de teste. Olhos bem abertos, ela está pronta para acolher o mundo, a experiência, as cores, os cheiros, os sons. Sua atenção está totalmente voltada para o jogo. Se um adulto intervém nesse momento, a criança tem dificuldade em largar sua atividade, trazendo junto, na esteira, seu corpo inteiro. Vira então a cabeça e fita o adulto com um olhar interrogativo, inocente, aberto e disponível. Tão intensa em seu questionamento quanto na atividade anterior.

É esse olhar que podemos tentar resgatar em nossa relação com o outro. Escutar... com os olhos bem abertos.

Escutar bem é não saber

Aqui, tocamos no ponto-chave. As conversas, de modo geral, mais parecem dois monólogos sobrepostos do que uma verdadeira troca. Cada qual contribui para o assunto em pauta respondendo rapidamente com lembranças pessoais, teorias ou opiniões bastante assertivas. Mas será que o outro foi realmente ouvido? E, caso não tenha sido, o que impede que isso aconteça?

Quando estudei hipnose, abordamos amplamente o tema do lugar do terapeuta, da empatia, da relação com a alteridade e do desejo, tão tentador, de aconselhar o outro: "Se eu fosse você, faria isso e aquilo..." ou então "Acho que seu problema decorre de uma baixa autoconfiança relacionada à infância" – essa sempre funciona! – "e que você deveria fazer teatro para se sentir melhor". Infelizmente, não somos o outro. Dar uma solução é impedir que a pessoa vá em busca de seus próprios recursos, é continuar a infantilizá-la em vez de reforçar sua autoestima. De modo que nosso trabalho terapêutico será, principalmente, acompanhá-la. Dar à pessoa ferramentas para fazer emergir *sua* solução, a que *lhe* corresponde. E, quando fazemos um bom trabalho, quando de fato deixamos que o outro procure e encontre, nos surpreendemos com o resultado! Isso é um bom sinal. Sinal de que não forçamos ou "prescrevemos" nada, de que deixamos o campo livre para a capacidade criativa do outro.

Para que isso aconteça, porém, é necessário abraçar a seguinte reviravolta: aceitar que não sabemos nada. Não antecipar o que o outro vai dizer, não entender o problema de antemão, não fazer livres associações com outras conversas ou situações análogas. Deixar o campo livre, aberto... mesmo que seja perigoso!

Escutar bem é ficar vulnerável

Porque isso tudo tem muitas implicações. Essa postura de não saber é eminentemente espiritual! Aceitar a vulnerabilidade é dar espaço para o outro se abrir. É também se permitir se conectar com nossa mais doce e frágil intimidade: uma espécie de ternura, a única a permitir o encontro.

Quando escuto verdadeiramente o outro, sinto uma abertura muito ampla e muito vulnerável, à altura do peito. Tenho para mim que este é o lugar onde o acolhimento acontece: no coração. Em vez de acolhimento, porém, vou falar em circulação: o outro circula em mim. Pode entrar e sair livremente, de acordo com seu desejo. Sem nada que se imponha, sem nada que retenha. Porque amar o outro, convidá-lo, também é permitir que, assim como veio, ele se vá.

Em espiritualidade, fala-se muito em abrir o coração. Uma experiência bastante concreta, que podemos sentir fisicamente. Ela ocorre somente quando, de repente, a mente cede. Já não há necessidade de provar nada, de ser inteligente, de causar boa impressão. Nem sequer de mostrar que somos bonzinhos e estamos "à escuta". Uma autêntica retirada.

E então, em nosso desaparecimento consentido, o outro pode aparecer em todo o seu esplendor.

Quando fundou o templo zen de La Gendronnière, o mestre Taisen Deshimaru denominou-o "castelo do não medo". Uma mensagem formidável para todos os praticantes da época: a espiritualidade nos convida a nos conectarmos com todos os medos, dúvidas ou emoções que por vezes nos atingem. E, principalmente, oferece a possibilidade de encontrar – por trás delas – um espaço de paz e quietude. O segredo para alcançá-lo é muito simples (de formular, pelo menos): aceitar o medo. Foi assim que durante algumas semanas, num período um tanto difícil do ponto de vista emocional, criei um pequeno mantra interno, bem básico e eficaz: "Ok, está bem, bem-vindo." Foi dirigido à profunda tristeza que muitas vezes tomava conta de mim. E a tristeza, acolhida, podia ir embora livremente, como preconizou Deishimaru em seu auspicioso templo. Construído no seio de uma floresta antiquíssima próximo a Blois, na França, o La Gendronnière é um lugar muito sossegado, que durante o ano todo recebe principiantes dispostos a fazer um retiro.

Ritual: a escuta silenciosa

Para alguns, o ritual a seguir será totalmente contrário aos seus hábitos. Isso é ótimo! Muitas vezes, é através do contraste que compreendemos as coisas.

Como praticar

No livro anterior, evoquei sem cessar as virtudes do silêncio. Você poderá experimentá-las numa conversa com alguém. Aconselho-o a praticar este ritual durante um diálogo, mais do que numa interação em grupo: a relação com o outro é mais fácil de se estabelecer.

Com essa pessoa, seja ela quem for, você vai refrear qualquer comentário, análise ou conselho que lhe passe pela cabeça. Vai apenas escutar. Não se trata de deixá-la falando sozinha, é claro. Sua escuta deve ser atenta. Se uma ou outra frase se fizerem necessárias, você vai sentir. Senão, deixe-a falar. Olhe para ela, balance a cabeça, participe da conversa sem palavras. Conecte-se profundamente com o que a pessoa está dizendo sem julgar. Enquanto isso, diversos pensamentos vão surgir, o tempo todo, dentro de você. É normal. Só procure não se deter em nenhum deles. Quando aparecer uma ideia, desvie a atenção e torne a focar na pessoa à sua frente.

Para ela se sentir à vontade com seu silêncio, acolhida, concentre-se realmente nela e abra mão de todo e qualquer julgamento.

Efeitos

Se tudo correr bem, ela se sentirá extremamente acolhida por você. Pouco importa se o assunto for alegre ou triste. Sua escuta benevolente será muito útil. Sem palavras.

Meu conselho

Para ficar mais fácil, imagine que está encontrando essa pessoa pela primeira vez e tenha curiosidade em relação a ela. Sua vontade é conhecê-la, senti-la, estar conectado com sua energia. Você não necessariamente precisa entender o que ela está contando. Deixe suas capacidades intelectuais ou analíticas de lado por um momento e abra o coração.

Este ritual é muito precioso. Permite que, aos poucos, outra maneira de se relacionar se estabeleça entre as pessoas. Se você praticar com frequência, dará o exemplo de um novo jeito de estar junto. Um exemplo tranquilo e caloroso que fará bem para os outros, para você mesmo e para a sociedade como um todo.

Um imenso obrigada a todos vocês, desde já, por abrirem caminho para o mundo do futuro!

CAPÍTULO 13

Ritual para o cair da tarde

Lusco-fusco

Como gosto desses instantes de lusco-fusco! Quando a luz vai declinando aos poucos, encobrindo o mundo com um véu opaco que vai se adensando. Em alguns instantes encontraremos a noite escura. Antes disso, porém: é a tarde que cai ou é a noite que se ergue? Difícil dizer. Luz e escuridão parecem dançar juntas, bem abraçadas. Muito sábio quem consegue distingui-las.

Quando, no meio do mato, os olhos se tornam inúteis, o menor som é perceptível. Muitas vezes saio para caminhar no escuro, atravesso o matagal para chegar ao capão de árvores vizinho. Espinheiros se engancham vez ou outra, folhas estalam sob meus pés. Ao abrigo dos olhares do mundo, a majestosa floresta dá início à sua vida noturna. O que está em jogo nessa hora tem a ver com a vida e a morte. Uns vão ser alimento dos outros. Os outros seguirão vivendo graças aos primeiros. Nessa escuridão, contudo, em meio a essas árvores centenárias, sinto-me protegida, como num casulo. Aves noturnas emitem seus gritos possantes, os musaranhos perambulam por ali, as abelhas devem estar dormindo (faz frio demais para sair) e os gatos semisselvagens a quem dou comida vêm degustar seu prato do dia. Posso ouvir seus dentinhos destrinchando cada bocado. Vão estar de barriga cheia esta noite, e essa simples ideia me enche de alegria.

O começo e o fim de um dia são momentos-chave. Há neles uma energia singular, bem perceptível, quer se viva no campo ou na cidade. Para muitas pessoas, o dia se encerra no crepúsculo. E, é claro, há aquelas que cumprem turnos alternados, trabalham em bares e restaurantes, são seguranças de hotéis ou vigias de prisões... Para essa turma toda, o fim do dia se dá mais tarde, bem mais tarde, no âmago da noite.

Mas, seja qual for a hora em que seu dia termine, em algum momento você vai desacelerar. Terá a sensação de ter encerrado alguma coisa, concluído sua missão, finalizado seu dia. Já não é hora de se esforçar, e sim de parar, de se aquietar. O próprio corpo entra em outro ritmo. E esses momentos antes de dormir são extremamente preciosos.

Durante um longo retiro que fiz no Japão alguns anos atrás, conheci Kito Sensei, uma velha monja, que na época estava com 80 anos. Era bem miudinha, e seu rosto redondo refletia a maior compaixão do mundo. Ela lembrava essas avós japonesas, muito doces, que são retratadas nos mangás. Kito Sensei tinha passado muitos anos na Índia, num mosteiro zen. Era a protagonista do livro *Woman Living Zen*, de Paula Kane Robinson, sobre a condição das monjas no Japão. Apesar da idade avançada, ainda visitava regularmente o mosteiro de formação, no centro de Nagoya, onde eu estava fazendo o retiro. Trazia biscoitos, legumes e, principalmente, uma imensa bondade! Outras monjas vinham para dar aula nos cursos formais (em japonês!). Ela não. Apenas presente, fitava cada pessoa com uma mescla de confiança e serenidade. A vida no mosteiro não era fácil, e me lembro desses encontros como um bálsamo no coração. Certa vez em que estávamos todas reunidas tomando chá, ela nos brindou com estas poucas palavras: "Espero que todas estejam cumprindo o ritual da noite. O fim do dia é um momento importante. Mais importante ainda é terminá-lo em gratidão."

Em japonês, expressa-se a gratidão inclinando-se com deferência, mãos unidas, *raihai*.

Pus-me então a observar minhas colegas de quarto, pois até então minha tendência era me enfiar no futon assim que era anunciada a hora de dormir e cair imediatamente no sono. De fato, fazia muito frio e a cama minúscula, desdobrada toda noite, era provida de uma bolsa de água quente, constituindo um refúgio dos mais atraentes. Naquela noite, porém, adiei um pouco meu ingresso naquele paraíso macio e avistei Shodo-san semiajoelhada sobre seu futon, fazendo três prostrações, antes de dormir.

Três prostrações para terminar o dia: que ideia fantástica! Reverenciar a vida ao cair da tarde. O ritual tinha tudo para me encantar. De modo que adotei esta prática em homenagem a Kito Sensei, a monja miudinha com um coração imenso.

Antes de prosseguir, porém, uma pequena observação: amigos leitores, não se assustem. Não vou lhes propor como ritual fazer prostrações diante do sol poente. Não só porque ainda não me sinto muito à vontade no papel de guru do Templo Solar, mas também porque me lembro de minha primeira prostração, durante meu primeiro retiro zen, e do desconforto que me causou.

Isso foi uns 20 anos atrás, certa manhã, logo após a meditação. Eu viera fazer um retiro zen no templo de La Gendronnière, no centro da França, sem saber direito o que me esperava. Às sete horas da manhã (no meio da noite, portanto, para a boêmia que eu era na época), sinos ensurdecedores tinham nos tirado da cama. Pratiquei zazen ainda semidesperta antes de levantar de minha almofada e ir me juntar à cerimônia. E lá... dá-lhe prostrações! Devo dizer que isso de ficar de bumbum para cima e nariz no tapete não me pareceu nem um pouco espiritual. Minha impressão foi mais de um ritual arcaico e ultrapassado, e até levemente humilhante.

Em suma, não vou sugerir que vocês façam prostrações – exceto aqueles já familiarizados com a prática – por medo de forçar a barra.

(No entanto, quem estiver familiarizado com esta prática de entrega de si poderá substituir o ritual descrito a seguir por prostrações. Haverá assim um maior envolvimento do corpo e o efeito será ainda mais profundo.)

Para terminar o dia

As *pai* (prostrações, em japonês) possuem muitas virtudes, como é o caso da maioria dos rituais de espiritualidade do mundo – com uma ressalva talvez para os sacrifícios de animais, os quais não têm nada a ver com isso e poderiam ser substituídos por figuras simbólicas.

Muitos outros rituais, porém, tendo atravessado os séculos, provêm de uma grande sabedoria: um conhecimento do mundo e da natureza humana que torna essas práticas preciosas.

Devagarinho, aliás, dia após dia, um sentido oculto se revela, como uma arca do tesouro se abrindo aos poucos.

O ritual

Esta noite, Morfeu está à sua espera. É inútil estudar o sentido oculto dos rituais. Já está tarde. E você com certeza já matutou o suficiente por hoje. Para encerrar de maneira evanescente e leve, sugiro apenas esse pequeníssimo gesto: oferecer um incenso.

Um incenso suave, que você terá cuidadosamente escolhido nos dias anteriores. Os incensos japoneses exalam aromas maravilhosos, alguns adocicados, outros mais amadeirados, que espalham suas fragrâncias com cautela, como um convidado bem-educado. Estão a mil léguas desses incensos baratos que nos fazem tossir e espirrar nas lojas de produtos naturais. Mas não se trata aqui de uma incitação ao consumo, e qualquer aroma servirá perfeitamente. Você até pode, em vez disso, acender uma vela pequena (sem se esquecer de apagá-la antes de ir dormir).

Imagine a cena: você escolhe um incenso, segura-o com os dedos, acende-o com a pequena chama do isqueiro, contempla um instante a ponta avermelhada e o oferece, como um gesto de purificação.

Você pode dedicá-lo a Deus, a Alá, a Vishnu ou ao Grande Espírito. À Deusa-Mãe, a Pachamama ou à Xoc Bitum. Pode oferecê-lo à vida, ao dia que se apaga, às pessoas com quem esteve. Como queira...

Inúmeros benefícios

Cumprir um gesto para encerrar o dia

Essa oferenda permite encerrar o dia, abstrair-se dos acontecimentos do cotidiano e, se for o caso, libertar-se deles. Se algumas situações não foram tão fáceis, por meio de um ato simbólico, nos autorizamos, de certa forma, a virar a página. É bem comum os problemas que nos ocupam à noite já estarem mais leves quando o dia amanhece. Este gesto permite ir começando o trabalho de relativização, dando um impulso de confiança sobre o tema "Eu deixo isso aqui... Na fumaça etérea deste incenso, a vida circula".

Expressar sua gratidão

Não conheço, é claro, o que se passa em sua vida. Ela às vezes é luminosa, às vezes atravessada por zonas mais sombrias e passageiras. No geral, porém, você deve ter o que comer. Deve ter um cantinho aquecido para dormir. Talvez tenha visto, pela janela, um pássaro cruzando o céu ou uma folha dançando ao vento. Você já se sentiu meio solitário e depois mais tranquilo. Você superou momentos difíceis.

Por tudo isso, e para se treinar a ver as coisas bonitas que existem à sua volta, com esse ritual você pode começar a agradecer. Esse incenso – ou essa pequena chama acesa – seria então como um sinal de gratidão pelo seu dia: um dia ao longo do qual a Vida, a vida vasta e bela, circulou em você dos pés à cabeça, em cada uma de suas células.

Implicar o corpo

Nosso cérebro é tão ativo que às vezes é difícil fazer com que ele abra mão de algo. Ficamos presos na armadilha de circunvoluções mentais incessantes, de pensamentos em rédea solta. Nessa pequena cerimônia, quem fala e age é o corpo. À mente cabe apenas acompanhar o movimento. As mãos acendem o incenso, a chama irradia, os aromas se espalham...

É inútil pensar demais.

E o incenso expressa delicadamente essa ideia de cessar o combate. Pausa. Está tudo bem. Ok. Tudo certo.

Boa noite! (E não se esqueça de apagar a vela...)

CAPÍTULO 14

Que tal um sorriso?

Um monge budista de túnica laranja, sorrindo beatificamente: essa imagem, já folclórica, talvez acabe sendo um desserviço à causa que representa... ou não. Pois, para o ser humano médio, cruzar com pessoas sorridentes é, muitas vezes, providencial. Ao longo de um dia difícil, sem dúvida, faz muito bem!

Umas poucas gotas de doçura – o Dalai Lama fazendo graça numa coletiva de imprensa – em meio às manchetes deprimentes dos canais de notícias 24 horas: esta cena, embora efêmera e tão insólita quanto um Rei Leão de pelúcia nas garras de um animal feroz, estranhamente nos aquece o coração.

Eu até faria uma pesquisa a jato – "Você prefere pessoas sorridentes ou pessoas carrancudas?" –, mas morro de medo do resultado!

São inúmeros os obstáculos no caminho do sorriso, e muitas circunstâncias podem ser um convite para nos juntarmos à tribo das expressões soturnas.

Tudo indica que mais vale exibir um ar melancólico e, de

preferência, um rosto pálido. Parece bom mostrar-se ao mundo com um olhar tristonho, herança romântica e deletéria que para alguns se tornou, bem depois da adolescência, uma verdadeira postura de vida. Arthur Rimbaud morreu aos 37 anos, mas há quem continue, passada a maioridade, às voltas com os mesmos tormentos: cabelo comprido, sem lenço e sem documento. Damos com eles nas primeiras fileiras dos shows de pop inglês, balançando a cabeça ao ritmo da música, indolentes, com um ar entendido e, sobretudo, sombrio.

No outro extremo, a imagem do homem supervitaminado, bronzeado, de dentes brancos e sorriso resplandecente é de causar arrepios! Não sei quanto a você, mas, quando cruzo com um desses arquétipos – maxilar proeminente: um homem de verdade! –, sinto um frio na espinha. Estranhamente, sobrepõe-se de imediato nos meus pensamentos a imagem de seu esqueleto (meu psiquiatra está sabendo, não se preocupe). Excesso de meditação sobre a impermanência, sem dúvida. E o imagino, de repente, dando a mesma palestra, com o mesmo entusiasmo arrasador... sem um pingo de pele cobrindo seus ossos! O contraste entre as duas imagens é chocante. Uma parece imitar a vida com tanto entusiasmo que chega a ser suspeito; a outra segue no mesmo embalo, sem perceber que já passou desta para uma melhor.

Você já deve ter percebido que um sorriso desse tipo, congelado, treinado, perfeitamente saudável, está longe de ser tranquilizador. Até incita a ostentar um rosto fechado.

O exército de pessoas deprimidas é um tanto assustador. Portadoras do fardo da vida, expondo em detalhes suas grandes e pequenas dores, parecem ver naqueles que são felizes uns irresponsáveis que ainda não perceberam que a vida "é coisa séria". E como rir, de fato, quando há crianças sendo mortas por bombas sírias ou quando o grande amor da nossa vida acaba de ser levado, tão jovem, por um câncer avassalador? Motivos para fechar a cara decerto não faltam. Quanto a isso não há dúvida.

Diante desses tantos obstáculos à alegria e ao sorriso, fico cautelosa. Enquanto escrevo estas linhas, deixo minha mente vaguear entre o pró e o contra, o sim e o não, entre esquerda e direita (supondo-se que ainda exista essa divisão). Vai que, incitando a "sorrir para a vida", eu acabe sendo tachada de ingênua? E se a única postura válida fosse aquela, séria e digna, como a do presidente de um tribunal? Aliás, o que a prática do sorriso tem de particularmente espiritual?

Para responder a essas perguntas, mergulhei em algumas lembranças...

Algum tempo atrás, residia no mosteiro um monge de figura triste. Seus sorrisos, como que soterrados sob um acúmulo de sofrimentos, custavam muito a aflorar. Quando ele sorria, no entanto, era como se o sol de repente irrompesse entre as nuvens para iluminar a planície. Apareciam feições infantis, simples, alegres: o dia e a noite. Mas eram rasgos fulgurantes, efêmeros, e o abatimento, mais do que depressa, recobrava seus direitos. Uma pena!

O riso, espontâneo, incontrolável, era demasiado perigoso para ele. Rir era abrir as portas para o inesperado, o desconhecido: um risco impensável. No momento em que seu semblante tornava a se fechar – rápido! –, dava para sentir a urgência de retornar ao conhecido. E sua costumeira proteção, de retomar feições enrijecidas, como de hábito, como sempre... como desde a noite dos tempos!

Observando-o mês a mês, passei por diferentes reflexões. Partidária descarada da alegria e do entusiasmo, confesso que ele muito me irritou. Como era possível chegar a esse ponto depois de tantos anos praticando o zen? Seria demais pedir que parasse, por cinco minutos que fosse, de proteger o corpo e o espírito (de quem se conhece o caráter efêmero e ilusório) e se voltasse para os outros? Seria pedir demais que oferecesse um pequeno sorriso, ao passar, ao cruzar com as pessoas nos corredores? Assim, à toa, a troco de nada, pelo prazer de estar junto. Eu resmungava, reclamava, fulminava, manifestando com isso – vocês já devem ter percebido – os mesmos defeitos do meu monge de figura triste. Não tinha lição nenhuma a dar a ninguém!

E então sua presença me questionou. Será que havia mesmo motivo para se alegrar? Não seria mais honesto, afinal, pôr-se em sintonia com um mundo aparentemente fadado às tragédias, entre as quais aquela, previsível, da nossa morte? Já que a atitude inversa, a de querer parecer simpático o tempo todo, resulta em algo tão artificial quanto a outra? Essa felicidade constante exibida no Instagram é irritante! Vamos todos morrer: não há mesmo muito que festejar, não é?

Viver inteira e honestamente o momento presente não seria, afinal, refletir em tempo real, sem nada ocultar, nossas angústias e inquietações?

Como se pode ver, esse tema adquiriu para mim uma imensa importância. E ainda hoje me traz questões.

Em muitos ensinamentos budistas, porém, a mensagem é clara: recomenda-se ao praticante fazer de seus sorrisos uma dádiva. A venerável japonesa Aoyama Roshi profere regularmente palestras sobre esse tema, ostentando ela própria um sorriso tão caloroso e sagaz que dá vontade de saber mais a respeito.

Pois não se trata de sorrir beatificamente para a vida. Ainda não chegamos lá! Mais à frente, quem sabe, quando todas as fontes de insatisfação tiverem desaparecido, quando nosso cônjuge tiver cumprido sua parte nas tarefas domésticas, quando nossos filhos expressarem gratidão, quando os israelenses tiverem feito as pazes com os palestinos... Mais à frente... Um dia...

Enquanto isso, o caminho proposto é: sorrir.

(Mas acho que isso você já tinha entendido. Senão, por favor, retorne ao início da leitura.)

Sorrir para os outros, sorrir à toa, sorrir para o seu gato (fácil!), sorrir caminhando, sorrir ao entrar no ônibus, sorrir ao olhar para o céu (qualquer que seja a sua cor), sorrir para a vizinha, sorrir para o tempo que passa, sorrir debaixo da chuva, sorrir noite adentro, ao receber os raios de sol, ao sentir o ar nas narinas, ao ver uma criança passar de bicicleta...

Sorrir quando nasce o dia, sorrir para Donald Trump, sorrir para uma flor que se abre, sorrir para uma flor que morre, sorrir na hora certa, sorrir no hospital, sorrir para nossa mãe, sorrir...

E sentir que algo se abre, bem ali, num cantinho do coração. Como a capacidade de ir buscar, no mais fundo de si, uma coisa estranha. Uma coisa, um treco, um troço. Uma espécie de batimento, bastante agradável afinal, suave, caloroso, aberto. Num cantinho do coração, uma coisa chamada... amor.

De modo que, sim, me atrevi a juntar, numa mesma crônica, o sorriso *e* o amor. Que meus amigos sérios possam me perdoar!

Ritual: o Buda sorridente

Como praticar

Escolha alguns momentos do seu dia para dedicar ao sorriso. Não se trata de sorrir da manhã à noite, correndo o risco de passar por um bobo alegre. Só uns sorrisos esparsos, aqui e ali, como um passeio primaveril no meio da tarde. Sorria ao sair de casa pela manhã, por exemplo. Razões para xingar não lhe faltam, concordo. Mas serão mais fáceis de lidar se você olhar para elas de um tantinho mais longe, em retrospecto, optando por rir dessas razões todas (ou sorrir um pouco, sejamos razoáveis).

Mas o que significa "sorrir"? É melhor eu explicar, nunca se sabe. Significa um estiramento da boca no sentido horizontal, com um leve movimento para cima. Os dentes tanto podem estar aparentes (sorriso largo) quanto escondidos (sorriso breve). Nos dois casos... funciona! O que vale é a intenção, como se diz, e a intenção de sorrir vai criar dentro de você certa leveza.

Efeitos

Eis o segredo: se você fingir um pouquinho que está sorrindo, acaba sorrindo de verdade. No começo, é como uma espécie de *fake news* para seu cérebro. Passados alguns segundos, porém, não tem jeito, o humor muda. A doçura se convida para a festa da vida. A vida fica mais leve. E, o mais importante, quem decide é você!

Pois, afinal, por que suportar calado o eventual humor sombrio que aparece sem ser convidado? Por que não o substituir por outro, mais agradável? Falar é fácil, claro. Até porque quando o humor está ruim, parece não haver mais sorriso disponível no estoque. Pesquisas da neurociência, porém, demonstram o contrário: fingir uma emoção dá um curto-circuito no cérebro e permite que ele mude de direção ou, num primeiro momento, que abra um espaço virgem para você sair de seus comportamentos habituais.

No *Shobogenzo Zuimonki* – um dos textos de mais fácil leitura do já citado Dogen, que traz orientações relacionadas à vida diária –, o mestre conta que era costume, na China, contratar mulheres idosas para chorar nos enterros e que elas, de tanto fingir, acabavam chorando de fato. O mestre então incentiva seus discípulos a fingir que estão praticando, a participar dos rituais e a cumprir as rotinas com entusiasmo: embora soe artificial no começo, o despertar acaba se manifestando nas ações do dia a dia.

Dogen confirmado pela neurociência? Não chegaremos a tanto (a não ser que queiramos mensurar o despertar em termos de impulsos elétricos, o que, a meu ver, carece singularmente de poesia), mas talvez possamos ouvir essa dupla mensagem.

Uma vez que tenha experimentado as virtudes do sorriso, bastará você desembainhar sua arma de construção em massa (*xiiis!*) diante da menor suspeita de cansaço, de um "tanto faz" ou de um suspiro profundo. Seu humor mudará da água para o vinho, mas não é só isso. Dessa forma, você poderá atuar de maneira responsável no vasto projeto de evolução da humanidade. Dar o exemplo. E seguir rumo ao futuro com um sorriso nos lábios, uma flor na orelha, semeando grãos de otimismo pelo caminho.

Posologia

Para estabelecer um novo hábito em seu corpo, sorria um pouquinho a cada dia. Se você for de índole ranzinza, sorria mais vezes ainda!

Um homem de negócios hiperativo e com muitas responsabilidades perguntou um dia a um mestre zen: "Mestre, eu de fato gostaria de praticar 15 minutos por dia como o senhor recomenda. Mas não tenho tempo. Com o trabalho, as cobranças, os acionistas... acho 15 minutos impossível." Resposta do mestre, com um largo sorriso: "Você não consegue reservar 15 minutos por dia? Muito bem. Então pratique uma hora!"

Você definitivamente não consegue sorrir cinco minutos por dia? Muito bem: então faça-o por 30 minutos!

CAPÍTULO 15

Reencarne... agora!

*"... Mas as pessoas não vivem ou
morrem, as pessoas apenas flutuam."*
Bob Dylan

Para onde quer que eu volte meu olhar, quaisquer que sejam os livros que pego ao acaso, os professores que encontro, as disciplinas que estudo, a mesma mensagem parece estar em toda parte, gravada em letras maiúsculas. Ela vem dos quatro cantos do mundo. Enriqueceu-se com as sabedorias da humanidade antes de vir quebrar em minhas praias espirituais. Uma mensagem das mais elevadas, portanto, e extraordinariamente precisa: "Reencarne, p...!" Ou, dito de outro modo: "Volte já para o seu corpo, agora!"

Como assim? O que minha carne, meu corpo, tem a ver com isso? Meu sonho é voar com os gansos selvagens, me encontrar com budas vivos, ouvir mensagens do além. Minha vontade é deixar a imaginação divagar nas longas noites de inverno, quando o céu está pesado. Contemplar um mundo de luzes e vibrações celestiais... Então você pode guardar essa coisa de reencarnação para você!

Como sempre, meu impulso inicial foi resmungar, antes de me alinhar à causa. Não há o que duvidar: para avançar pela via espiritual, eu preciso de um corpo. Mais do que isso, é preciso habitá-lo efetivamente dos pés à cabeça, com plena consciência. Porque, se a transcendência passa pelo instante presente, o instante presente é o corpo. Se eu sair buscando além, corro o imenso risco de criar mentalmente uma nova ideia de espiritualidade, um mero conceito, um reino imaginário, por certo muito atraente, mas totalmente fictício.

Aqueles que buscam o absoluto vão ainda mais longe: remontam à fonte. Procuram no espaço situado logo antes dos pensamentos, antes do imaginário, anterior às palavras ou às imagens.

E, para ter acesso a ele, a porta de entrada passa pelo corpo! Daí essa mensagem de encarnação martelada há milênios por místicos de todos os matizes: a transcendência? É aqui!

(Pausa.) Dou aqui uns minutos de pausa para os leitores mais sonhadores darem adeus a seu paraíso imaginário. Não é fácil. Desde criança, adoramos imaginar que existem elfos galgando os troncos das árvores ou que as estrelas abrigam seres celestiais, cintilantes e vestidos de branco, que às vezes descem à terra para nos visitar. Uma pequena pausa, portanto, para montar no lombo do instante presente e optar por encontrar a magia cá embaixo, na existência. Uma pausa breve e muito necessária, pois em seguida será preciso se ver com a vida, a vida real, aquela em que se pega gripe ou se tem uma doença autoimune (pausa). Está bem, mais cinco minutinhos (pausa).

Só o tempo de se despedir dos anjos do céu e tornar possível o encontro com os anjos da terra, esses que moram ali na esquina.

Direto de uma sessão de meditação em Estrasburgo

Retorno ao corpo, portanto. Este corpo que carregamos conosco desde a manhã até a noite. Várias vezes por mês, conduzo em Estrasburgo uma sessão de iniciação à meditação zen para principiantes. Uma das primeiras perguntas que faço é a seguinte: "Vocês trouxeram o seu corpo?" A pergunta faz sorrir, mas, olhando para as fisionomias, vejo às vezes passar alguma hesitação.

Raras pessoas conseguem mergulhar de imediato no próprio corpo e senti-lo fisicamente numa fração de segundo. Mais raras ainda são as que adotaram permanentemente essa espécie de presença corpo-espírito que chamamos de "plena presença", na qual o corpo forma uma vasta consciência ou até mais. Pois a maioria dos indivíduos ainda se encontra no estágio de ter que procurar seu corpo. "Hã... Sim... Estou sentindo os braços, as pernas. Mas para sentir meus pés, por exemplo, preciso me concentrar. Não é imediato. E, principalmente, me faltam umas partes do corpo."

Essa tomada de consciência, embora muito desagradável, é salutar. Em geral, a cabeça ocupou todo o espaço. O mundo é quase o tempo todo passado pelo crivo da análise. O caminho proposto pela meditação é outro: voltar para a sensação corporal, a mais direta. É muito raro o julgamento não interferir, é claro. "Gosto, não gosto, é frio, é quente, é agradável, estou com dor no joelho, nas costas, nos ombros, etc." (Vou parar por aqui, porque a lista das eventuais dores é tão vasta quanto os verbetes do *Dictionnaire Vidal*, que traz uma extensa relação de medicamentos disponíveis nas farmácias francesas.)

Mas é possível "ficar no corpo", isto é, dirigir voluntariamente a atenção para o imenso espaço disponível, bem aqui, logo abaixo da cabeça. Num primeiro momento, essa concentração propicia trazer o espírito de volta para o instante presente. E é possível, além disso – depois de muita prática –, deixar que outra consciência assuma o bastão, observar a mente para permitir que a famosa "plena presença", o Graal dos praticantes budistas, se manifeste!

De modo que, para todas as pessoas que têm uma imagem fracionada do próprio corpo, a meditação é altamente proveitosa. Uma das práticas consiste em descer até todos os andares da casa, dos pés à cabeça, e perceber a vida circulando em tempo real. No início do meu caminho budista, eu tinha uma cabeça (dura), ombros, coxas. O resto do corpo era, por assim dizer, desabitado, ausente. Depois a viagem interior se tornou familiar. Como uma segunda natureza. E, na maior parte das vezes, com o prazer que a acompanha: o de se sentir plenamente vivo, dos pés à cabeça.

Os obstáculos, quer dizer, o principal...

No caminho dessa "encarnação" existem alguns obstáculos. Antes de poder simplesmente saborear uma framboesa ou sentir a relva fresca sob os pés, há algumas barreiras que precisam ser transpostas. E, para começar, a mais alta: ao retornar para as sensações diretas, recebemos todas elas em conjunto. É um pacote completo. Sensações maravilhosas (cheiro dos cavalos, respiração profunda, bem-estar no abdômen), mas também coisas que em tempos normais cuidadosamente evitamos (saudades, medos, tristezas, uma dor nos ombros). Porque as emoções também são sentidas no corpo.

E, agora, a boa notícia: como já observava Buda 2.600 anos atrás, todas as emoções/sensações são impermanentes. Essa é uma das bases de seus ensinamentos. "Ok, há sofrimento. Ok, às vezes dói, mas nada dura eternamente" (ele disse isso em prácrito, língua vernacular da Índia antiga).

O que fazer, então, com tudo isso?

A necessidade de voltar ao corpo para poder realmente experimentar a vida e estar no momento presente.

A experiência vivida "às vezes dá dor no corpo!" (os praticantes vão entender do que estou falando).

A constatação de que as coisas agradáveis ou desagradáveis são impermanentes.

A chave reside nessa última proposição. Já que "tudo passa", basta observar de que modo as sensações aparecem e desaparecem no corpo. Em linguagem budista fica assim: "Observar sem tocar." Ao fim de um tempo bastante breve, as sensações/emoções desaparecem. E podemos redescobrir uma espécie de liberdade interior.

"Na vida real", obviamente, a tendência é mais a seguinte: recusar a emoção, procurar uma escapatória, uma solução, razões externas que nos livrem de toda e qualquer responsabilidade.

Rituais de reencarnação

Uau! Enquanto escrevia este título, "Rituais de reencarnação", me veio de repente a imagem de uma xamã montada num cavalo pequeno, nas estepes da Ásia Central, partindo para o mundo dos espíritos. Ela canta uma toada com voz rouca, enquanto o toque dos tambores acelera. Ela está perto de uma floresta de bétulas, onde parece querer se embrenhar... Será que está indo buscar alguém? Invocar os guias? Juntar indícios para designar o próximo xamã? Muito estranho isso tudo... e fascinante, não é?

Pois bem, não vamos fazer nada disso! A principal virtude dos nossos rituais, embora eles sejam altamente mágicos, será nos reconectar com o real. Deixemos então de lado (por enquanto) qualquer sinal de transe, juntemos nossos membros dispersos e concentremo-nos no que há para ser vivido. Agora. Com a libertação como prêmio. Pronto! Foi dada a largada!

Pequeno prazer

Esta é uma estratégia engenhosa: pensar em algo agradável que nos dê vontade de voltar para nosso corpo. Podemos considerar esta prática uma primeira etapa, um primeiro passo.

Como praticar

Quais são neste momento, no seu corpo, as partes poupadas pelo sofrimento? Ou, dito de maneira mais simpática, em que parte você se sente bem? No abdômen? Nos braços? Nas bochechas? Na região lombar? Crie o hábito de, sempre que possível, orientar sua atenção para as sensações agradáveis. É quente, frio, suave, arredondado, macio? Fique aí um momento, até ancorar essas percepções e convertê-las num ponto de referência para a vida.

Deixe cuidadosamente de lado todas as demais partes, possivelmente doloridas ou desagradáveis, para criar, voluntariamente, um foco positivo.

Efeitos

A ideia é estabelecer um hábito de retorno ao corpo. E, como você mesmo vai constatar, a motivação é bem maior quando o ritual é prazeroso. Este retorno ao corpo permite que você se aquiete, pare o tempo, encontre pouco a pouco (é um aprendizado) um espaço de tranquilidade interior. Além disso, a partir do corpo podemos realmente experimentar a vida e contemplar a beleza do mundo.

Posologia

O máximo possível, sempre que lembrar. E, para lembrar mais vezes, faça uso de Post-its!

Quem sou eu?

Considere o ritual anterior uma etapa. A etapa seguinte consiste em não procurar mais nada. Nem coisas agradáveis nem desagradáveis. Sim, porque existem pessoas apegadas ao sofrimento, que dirigem sua atenção para o negativo. Esse viés, paradoxalmente, as tranquiliza na medida em que confirma sua existência ou, pelo menos, seu jeito habitual de pensar.

A ideia aqui é apenas tomar consciência das sensações e deixar que vagueiem alegremente (ou não) pelo seu corpo-espírito.

Ao fim de alguns minutos, talvez um pouco mais, ocorre uma espécie de distanciamento. Sensações ou emoções continuam sendo percebidas, mas atravessam o palco, como os segundos bailarinos num balé. Alguns *entrechats*... Uma lufada de ar... Dois ou três movimentos lentos do arco nas cordas do violino... E cá estamos nós numa abertura simples, bem simples, para a vida como ela é.

E, nesta vida, quem sou eu? De onde vêm essas sensações, essas emoções, esse corpo? Se as ideias e percepções circulam assim tão facilmente, do que é feita, afinal, minha personalidade? Existe algo estável que deve ser mantido?

É com essas perguntas vertiginosas que proponho terminar este livro. Que elas possam acompanhá-lo por um trecho do caminho e reluzir como estrelinhas de uma vida espiritual.

Cuide-se bem...

CONCLUSÃO

Pronto. É chegada a hora de me despedir. Você vai poder fechar este livro, dar uma longa espreguiçada, igual a um gato, e, principalmente, começar – se já não começou – a praticar alguns rituais. Mais adiante, você encontrará uma bibliografia para aprofundar alguns aspectos.

O livro está acabando, mas nosso encontro não precisa terminar aqui. Nesses últimos anos, preparei diversos recursos para acompanhar sua caminhada. Você poderá acessá-los livremente se assim desejar. A maioria é gratuita e está disponível na internet, como uma imensa arca do tesouro.

No meu site www.dailyzen.fr você encontrará (em francês, inglês, alemão e espanhol):

- Vídeos: palestras, explicações sobre a meditação zen, muitas reportagens/entrevistas.
- Áudios: meditações zen conduzidas, explicações sobre a respiração, sobre o corpo, palestras, contos zen, leitura de textos budistas fundamentais. Você pode escutá-los on-line ou baixá-los para ouvir mais tarde.
- Textos e crônicas sobre o budismo no dia a dia (no trabalho, no amor, na família).
- Agenda de atividades que realizo por aí, sobretudo na

Europa. Quem sabe não são oportunidades de nos conhecermos "de verdade"?

Desejo a você uma linda prática neste caminho florido de rosas. E lhe ofereço, finalmente, este poema de Fernando Pessoa que sintetiza – de um modo mil vezes mais delicado – tudo o que escrevi nas páginas anteriores:

Uns, com os olhos postos no passado,
Veem o que não veem: outros, fitos
Os mesmos olhos no futuro, veem
O que não pode ver-se.

Por que tão longe ir pôr o que está perto –
A segurança nossa? Este é o dia,
Esta é a hora, este o momento, isto
É quem somos, e é tudo.

Perene flui a interminável hora
Que nos confessa nulos. No mesmo hausto
Em que vivemos, morreremos. Colhe
O dia, porque és ele.

REFERÊNCIAS

Uma seleção de recursos para saber mais sobre budismo zen e outros temas abordados neste livro.

- *Instructions au cuisinier zen*, mestre Eihei Dogen, século XII (Gallimard). Um manual de culinária em plena presença. Instruções perfeitamente adaptadas ao mundo moderno para quem souber ler nas entrelinhas.
- *La Pratique du zen*, Taisen Deshimaru (Albin Michel). Obra essencial escrita pelo mestre japonês que levou a prática do zazen para os europeus nos anos 1960. Um homem, um monge, com um carisma fora do comum, profundamente ancorado e cheio de humor.
- *Une Vie de nonne zen*, Shundo Aoyama (Éditions Sully). Algumas anedotas e ensinamentos extraídos da vida de Aoyama Roshi, a Monja Coen. Uma mulher excepcional, com uma trajetória fora do comum, atual abadessa do mosteiro de formação de monjas de Nagoya (com quem tive a sorte incrível de conviver durante um retiro zen em 2008).
- *Pour faire la paix en temps de guerre*, Pema Chödrön (La Table Ronde). Um livrinho acessível para iniciar ou prosseguir o trabalho de reconciliação.

- *Esprit zen, esprit neuf*, Shunryu Suzuki (Points). Como e por que adotar um novo olhar sobre o mundo. Um livro intenso e perturbador.
- *Ramana Maharshi, le libéré-vivant*, Ysé Tardan-Masquelier (Points). Apresentação do mestre espiritual indiano Ramana Maharshi, grande místico da Índia do século XX, cujo pensamento abre novas perspectivas.
- A obra de Christian Bobin. A meu ver, um dos grandes poetas do século XXI. Especialista na arte de celebrar os pequenos Nadas.
- *L'Accompagnement de fin de vie*, fruto de uma colaboração entre o mestre zen Roland Yuno Rech e o desenhista cheio de humor Christian Gaudin (é possível encomendar em facebook.com/MaitreBananeEditions).

AGRADECIMENTOS

Para ser sincera, este livro não resulta de meu trabalho pessoal. E não, não recorri aos serviços de um *ghost-writer* para redigir estas linhas. Mas, como bem costumam lembrar os mestres budistas, tudo acontece em razão de um vasto conjunto de causas e condições. Da mesma forma que, para a fabricação do pão, o padeiro precisa (não necessariamente nesta ordem) de trigo, água, ar, luz elétrica, um aprendiz e um vendedor, o livro que você tem em mãos é fruto de encontros, leituras, ensinamentos recebidos e conversas das mais diversas.

Queria aqui agradecer especialmente ao mestre zen Olivier Reigen Wang-Genh por sua confiança e seu exemplo no cotidiano.

Assim como aos amigos da First: Sophie Rouanet, James Eliott e Marion Lécuyer (www.bibichepress.paris), por seu entusiasmo e criatividade.

Para todos os editores estrangeiros que traduziram e divulgaram meu primeiro livro.

Para os leitores e praticantes que conheci por aí e que me deram energia para escrever: este livro é para vocês.

Para a "Grande Sangha" da Associação Zen Internacional, com a qual trabalho diariamente. Mal posso esperar pelos nossos próximos retiros no templo zen de La Gendronnière (www.zen-azi.org).

Meu pensamento cheio de gratidão para Tsewang, um diamante mexicano.

E para todos os praticantes da *sangha* do dragão que me inspiram dia após dia (templo zen Ryumonji, Alsácia).

CONHEÇA OUTRO LIVRO DA AUTORA

A magia do silêncio

Celebrada como uma nova e original voz do budismo, a monja francesa Kankyo Tannier parte de sua rica experiência pessoal para nos mostrar o poder transformador da prática do silêncio. Não apenas o silêncio das palavras, mas também dos pensamentos (reduzindo julgamentos e críticas internas), dos olhos (evitando o excesso de informações) e do corpo (reencontrando o prazer de estar presente a cada momento).

Escrito com sensibilidade e a dose certa de humor, *A magia do silêncio* traz dicas, meditações e exercícios práticos para incluir pequenos intervalos de paz na agitação do dia a dia.

Ao fazer essas pausas, os sentidos despertam e voltam a se abrir para as maravilhas escondidas na vida cotidiana.

CONHEÇA OS LIVROS DE KANKYO TANNIER

A magia do silêncio

Em busca do tempo presente

Para saber mais sobre os títulos e autores da Editora Sextante,
visite o nosso site e siga as nossas redes sociais.
Além de informações sobre os próximos lançamentos,
você terá acesso a conteúdos exclusivos
e poderá participar de promoções e sorteios.

sextante.com.br